**아이의 미래,
아빠하기에 달렸다**

아이가 저절로 따라하는 아빠의 10가지 습관

아이의 미래, 아빠하기에 달렸다

•김근규 지음•

21세기북스

투병 중인 사랑하는 아버지 김도판 님께
이 책을 바칩니다.

| 프롤로그 |

오늘을 생각하고 내일을 말하는 아빠

한 사람의 과거를 돌아보면 그 사람이 앞으로 걸어갈 길이 보인다는 말이 있습니다. 이 말은 곧 아빠가 걸어가는 길을 보면 아이의 미래가 보인다는 말과 같습니다. 그만큼 아이들에게 아빠라는 존재는 상상을 초월하는 무한한 힘을 가지고 있습니다. 유아기의 아이들에게 아빠란 엄마와 마찬가지로 삶에서 소중한 존재이기 때문입니다. 하지만 대부분의 아빠들은 육아는 엄마들의 몫이라고 생각해 뒷전에 물러나 있는 게 현실입니다. 좋은 아빠가 되고 싶은 마음은 있지만 어떻게 해야 할지 몰라서입니다.

기본적으로 아빠의 양육 태도와 행동은 엄마의 양육과 차이가 있습니다. 물론 아빠 개개인의 성향과 신념에 따라 양육 방식이 달라서이기도 하겠지만, 일반적으로 아빠들이 아이들의 하드웨어적인 부분에 관심(예를 들어 나는 누구이며 지금 해야 할 일들과 앞으로 나아가야 할 인생의 방향 등과 같은 삶의 크기와 넓이, 깊이에 대한 관심)이 있다면, 엄마들은 소프트웨어적인 것에 주된 관심(예를 들어 학업적인 성취나 무엇을 배우고 익히는 데 대한 관심)이 있는 것 같습니다. 꼭 엄마 아빠의 역할을 구분지어 생각할 필요는 없으나, 아빠가 아이들의 몸과 마음의 그릇을 빚고 엄마가 그 빚어진 그릇 속에 소중한 것들을 채워가는 것이 바람직하다고 생각합니다. 물론 엄마 아빠 모두 아이들에게 올바른 삶의 습관이나 행동 양식, 가치들을 물려줄 때 아이들이 보다 더 풍성한 삶을 이끌어가는 것은 무척이나 당연한 일일 것입니다.

대학에서 학생들을 가르치기 전 유치원 교사로 일했던 경험을 바탕으로 아이들을 살펴보면 그 아이들이 어떤 엄마 아빠 밑에서 자라고 있는지 어느 정도 추측이 가능합니다. 부모의 삶의 습관이 중요한 이유는 아이가 태어난 뒤 가장 먼저, 그리고 가장 가까이에 있는 부모의 말과 행동과 삶의 철학을 그대로 보고 배우며 자라기 때문입니다. 아이들이 커가면서 엄마 아빠로부터 물려받은 습관과 행동 양식을 자신의 것으로 받아들여 그들의 삶의 바탕을 이루게 된다는 뜻입니다.

좋은 아빠가 되는 것은 어쩌면 자기희생을 필요로 하는 무척 어려운 일 같지만, 조금만 달리 생각해보면 우리 생활에서 의외로 쉽게 실천할 수 있는 문제이기도 합니다.

그렇다면 괜찮은 아빠, 좋은 아빠란 어떤 사람일까요? 단지 외식을 시켜주고, 좋은 옷과 장난감을 사주고, 용돈을 주는 아빠, 그리고 아이들이 좀 더 자라면 여러 개의 학원에 보내주고 비싼 과외 선생님을 붙여주는 그런 아빠가 최선일까요?

지난해 여름 한국에 방문했을 때, 대전의 한 유치원 수업에 참관할 기회가 있었습니다. 그때 아이들에게 자기 아빠가 어떤 아빠였으면 좋겠느냐고 물었더니, 아이들은 앞에 나열한 것과는 좀 다른 주장을 하더군요. 아이들은 잘 놀아주는 아빠, 게임을 잘하는 아빠, 운동을 잘하는 아빠, 내 이야기를 잘 들어주는 아빠, 동화책을 읽어주는 아빠, 잠을 재워주는 아빠, 손톱과 발톱을 잘라주는 아빠, 같이 목욕하는 아빠, 그리고 노래를 불러주는 아빠 등을 원했습니다. 아이들의 아빠에 대한 바람은 의외로 소박합니다. 아이들은 아빠와 더 많은 시간을 함께하고, 더 많은 이야기를 나누고, 아빠와 함께 맛있는 음식을 먹고, 몸과 마음으로 부대끼며 좋은 추억을 만들어가고 싶어 합니다.

미국에서 생활한 지 햇수로 12년이 되었습니다. 1998년 중앙대학교 대학원 유아교육학과 석사과정을 시작하면서 '아버지' 관련 연구에 처음으로 관심을 갖게 되었습니다. 이후 「아버지와의 동작 활동이 유아의 자아유능감 발달에 미치는 영향」이라는 주제의 석사 논문을 거쳐, 2008년 「아버지의 참여와 양육 형태가 유아들의 사회적 유능감 발달에 미치는 영향」이라는 주제의 박사 학위 논문을 통해 제 생각을 조금씩 구체화하기에 이르렀습니다. 아울러 지난 2010년 KBS 정재용 기자와 특집 다큐 '스포츠 대디 프로젝트'를 진행하며 아버지가 아이들에게 어떤 영향력을 발휘하는지 검증해보는 좋은 기회를 가졌고, 현재는 사회 각층의 다양한 아버지들과 다양한 인종의 아버지들을 대상으로 그 연구를 점점 넓혀가고 있습니다.

　20년 동안 유아교육 전공자로서 연구했던 이론과 실제, 그리고 한국과 미국의 유치원 현장에서 교사와 아버지 연구자로 참여하며 경험한 것들, 또 유아교육학과 교수로 재직하면서 학생들과 부모를 대상으로 한 연구와 강의들을 통해 아빠가 가졌으면 하는 삶의 좋은 습관들을 생각해보았습니다. 실제로 세 살 아들과, 한 살 딸아이를 키우는 아빠로서 저 또한 스스로 부족함을 깨닫고 양육의 어려움을 느끼곤 합니다. 그래서 제 자신부터 직접 실천해야 할 좋은 습관의 덕목들을 살펴보고, 그것들을 제 삶을 통해 실천해보고자 하는 바람으로 이 책을 쓰게 되었습니다.

아이들은 아빠의 사소한 말과 행동을 그대로 모방하고 배우려는 습성이 있습니다. 따라서 아이를 어떻게 가르쳐야 할까를 고민하기보다는 아빠 자신이 먼저 어떻게 행동해야 할까를 고민하는 것이 우선이 되어야 한다고 생각합니다. 이러한 맥락에서 아빠라면 꼭 가져야 할 열 가지 기본 습관을 제안하고 싶습니다. 아주 사소해 보이는 기본적인 습관부터 시간이 지날수록 아이들에게 값지고 의미 있는 교훈으로 다가갈 수 있는 습관까지 정리해놓았습니다.

그런 의미에서 이 책은 자녀 교육서라기보다는 아빠 교육서의 성격이 더 짙습니다. 아이를 잘 키우고 싶지만 어떻게 해야 할지 몰라 망설이고 있는 아빠라면 이 책에서 소개하는 열 가지 습관들을 꼭 실천해볼 것을 당부합니다. 처음에는 사소한 습관의 실천이라는 명제와 마주하는 게 전부인 것처럼 느껴질지도 모르지만, 궁극적으로는 아빠가 된다는 것의 진정한 의미를 발견하게 될 것입니다. 아빠라는 존재는 다음 세대라는 과녁을 향해 꿈과 비전의 화살을 날리는 궁사입니다. 이 한 권의 책이 아빠가 되기 위해 준비하는 예비 아빠들과 자녀의 육아와 교육에 걱정이 많은 엄마 아빠들에게 자신을 되돌아보고 새로운 길을 찾아가는 길잡이가 될 수 있기를 진심으로 바랍니다.

2013년 11월
김근규

| 차례 |

프롤로그 _ 오늘을 생각하고 내일을 말하는 아빠 6
아빠의 육아 참여도 진단 테스트 16

아빠는 개똥철학자
철학이 있는 아빠가 최고의 멘토다 20
인생과 삶에 대해 아이와 수시로 이야기하자 24
아이를 가르쳐야 한다는 강박에서 벗어나라 28
아버지로 산다는 것 32
TIP 1 아이의 언어로 대화하는 방법 38

아빠는 순수한 스토커
아이가 보내는 신호를 알면 아빠 노릇이 한결 쉽다 44
눈치는 한 박자 빠르게, 행동은 한 박자 늦게 50
아이의 성향과 기질을 파악하는 방법 56
아이의 마음을 움직이는 간단한 법칙 60
TIP 2 양육의 기준에 얽매일 필요는 없다 63

아빠는 위대한 미래학자
멀리 보는 훈련이 필요하다 70
아빠의 격려가 아이의 자신감을 높인다 75
칭찬은 구체적으로, 꾸중은 격려와 함께 82
아빠만이 해줄 수 있는 역할 86
TIP 3 책 읽어주는 아빠가 되자 90

거부할 수 없는 아빠의 운명
아빠에게 필요한 사랑의 기술 98
사랑의 매가 불러오는 체벌의 함정 104
축복을 부르는 아빠, 저주를 부르는 아빠 110
작은 배려가 만들어내는 놀라운 변화 114
TIP 4 자연과 친해지는 비법 전수하기 117

하루 10분, 아빠는 슈퍼 개구쟁이
아빠는 세상에서 가장 든든한 놀이터 122
아이와 놀 때는 몸을 움직여라 128
너무 멀지도, 가깝지도 않게 133
아이와의 놀이, 하루 10분이면 충분하다 137
TIP 5 아이와 함께 노래 부르기 142

아빠는 못 말리는 질문쟁이
아빠의 질문이 효과적인 이유 146
아빠가 가져야 할 일관성에 대해 152
창의성은 질문으로부터 나온다 158
좋은 질문과 나쁜 질문 164
TIP 6   왜 아이들은 물놀이를 좋아할까 170

아빠는 둘도 없는 단짝 친구
친구 같은 아빠 vs 권위 있는 아빠 174
눈을 맞추면 아이의 마음이 열린다 184
가끔은 아이에게 아빠의 고민을 털어놓자 188
아이와 단짝 친구가 되는 6가지 방법 194
TIP 7   가정을 움직이는 힘, 유머! 199

아빠는 엄마를 많이많이 사랑해
엄마에게 다정한 모습은 그 무엇보다도 아름답다 204
아내를 위한 배려는 사소한 습관에서부터 시작된다 210
건드리지 말아야 할 아내의 콤플렉스 215
하루에 한 번씩 아이 앞에서 아내를 칭찬하자 218
TIP 8   아이에게 필요한 습관 목록 만들기 222

아빠습관 9   **아빠와 엄마가 만드는 환상의 팀워크**
아내의 권리를 인정하자 228
'따로 또 같이'의 즐거움 232
엄마의 잔소리 vs 아빠의 무관심 239
양육의 승패는 부부 관계에 달려 있다 243
TIP 9 아이가 좋은 친구들과 어울리기를 원한다면 249

아빠습관 10   **아빠의 유산**
내 안의 상처부터 치유하자 254
당신은 어떤 아빠로 기억되고 싶은가 261
아이는 아빠의 행동을 따라할 뿐이다 265
아빠가 행복해야 아이도 행복하다 270
TIP 10 아빠의 습관이 아이의 미래를 결정한다 275

에필로그 _ 아이를 키우면서 아빠는 아버지가 된다 280

아빠의 육아 참여도 진단 테스트
나는 과연 몇 점짜리 아빠일까

최근 1~2개월간의 경험을 바탕으로 아래 30개의 문항에 O, X로 표시해보자.

1. 아이에게 사랑한다고 자주 말하고 표현한다
2. 아이가 옳은 일을 했을 때에는 칭찬을 아끼지 않는다
3. 아이의 고민에 대해 진지하게 생각해본 적이 있다
4. 아이의 기본적 욕구(음식, 의복, 보호, 양육 등)를 제공한다
5. 때로는 아이에게 자신의 고민을 털어놓고 같이 이야기한다
6. 아이에게 책을 잘 읽어준다
7. 아이가 학교에서 잘 생활할 수 있도록 돕는다
8. 아이와 온몸을 부대끼며 자주(일주일에 3회 이상) 놀아준다
9. 아이와 함께 운동하는 시간을 계획하고 실행한다
10. 아이들이 학교 과제나 숙제를 할 때 격려하고 돕는다
11. 아이의 장래희망이 무엇인지 정확히 알고 있다
12. 아이가 가장 좋아하는 놀이가 무엇인지 잘 알고 있다
13. 아이가 무언가에 대해 이야기하기를 원할 때 주의 깊게 듣고 대화한다
14. 아이의 미래에 대해 준비하고 계획하고 있다
15. 아이에게 학교 규정과 사회 법규를 잘 지키도록 가르쳐준다
16. 아이의 성향과 기질을 잘 파악하고 있다
17. 아이에게 학업과 배움의 중요성에 대해 이야기하고 격려한다
18. 아이의 유치원이나 학교 활동에 아빠가 도와야 할 부분이 있을 때 적극 참여한다
19. 가정에서의 아이의 행동과 예절 등에 관해 명확한 기준과 원칙이 있다
20. 아이를 엄하게 대할 때와 위로해야 할 때를 구분하며 실천한다
21. 아이에게 모범이 되기 위해 바람직한 행동을 보여주려고 노력한다
22. 아이가 좋아하는 일, 하고 싶어 하는 일을 함께하며 시간을 보낸다

23. 아이의 가장 친한 친구(3명 이상) 이름을 알고 있다
24. 육아로 인해 힘들어하는 아내에게 정신적으로 지원하고 격려한다
25. 아이에게 엄마는 중요하고 특별한 분이라는 것을 알게 한다
26. 아이 앞에서 아내에게 사랑한다는 표현을 자주 한다
27. 아내와 아이에게 잘못된 행동이나 말을 했을 때 사과한다
28. 육아와 관련해 아내와 이견이 있을 때 대화로 잘 해결한다
29. 아내와 육아 및 가사 분담을 하고 이를 실천하기 위해 노력한다
30. 아빠 자신만의 육아와 교육 철학이 있다

※ 각 문항당 1점으로 계산하고 점수를 합산해보자.
- 26점 이상: 아이의 성장에 적극적으로 참여하는 좋은 아빠
- 21점~25점: 육아를 돕고는 있지만 좀 더 노력이 필요한 아빠
- 11점~20점: 자녀교육에 대한 생각만 있는 보통 아빠
- 10점 미만: 아내와 아이에게 부족한 아빠

※ 아빠가 자기 자신을 스스로 체크해보고, 엄마가 아빠의 행동을 바탕으로 체크해본 후 두 조사지를 비교해보는 것도 좋다.

아빠습관 **1**

아빠는 개똥철학자

아이는 아빠의 그림자를 밟으며 성장합니다. 아이에게 무언가를 가르쳐줘야 한다는 강박에서 벗어나보세요. 아빠가 살아오면서 느낀 점이나 삶에 대한 철학을 꾸밈없이 아이의 눈높이로 진실하게 얘기하는 것이 중요합니다. 철학이 있는 아빠는 그 자체로 최고의 멘토입니다.

철학이 있는 아빠가
최고의 멘토다

오늘날과 같은 치열한 환경 속에 살아가기 위해서는 우리 모두 저마다의 철학을 가지고 있어야 한다고 생각합니다. 특히 한 가정의 과거와 현재, 미래를 설계하고 실행하는 아빠는 원만하고 바른 부부관계와 자녀 양육에 있어서 자신의 삶을 대변할 수 있는 철학을 가지고 있어야만 합니다. 아빠 스스로 자신의 삶을 설명할 수 있어야 아이에게도 삶의 길을 안내하고 가르칠 수 있기 때문입니다.

저 역시 아버지가 되기 전까지는 삶의 철학에 관한 진지한 고민 없이 살아왔던 게 사실입니다. 자녀를 둔 아빠로서 '의미 있는 삶'을 위한 스스로의 성찰이 부족했던 것이지요. 아빠가 되기 전까지는 하루하루 해결해야 할 과제와 일, 그리고 앞으로의 계획을 실행하기에 급급했습니다. 20대 후반부터 30대 후반까지 석사학위, 직장생활, 유학과 박사학위, 결혼, 그리고 취업에 골몰하느라 빈틈없는 일과에 파묻혀 지내왔으니까요. 아빠가 된 후에도 삶은 크게 달라지지 않았습니다. 하루하루 제가 맡은 역할과 일에 빠져 허우적거리기 일쑤였지요.

그러다 첫아이가 태어난 지 몇 달 안 된 어느 날이었습니다. 아이를 재우고 제 방에서 일을 하고 있는데 문득 아이 우는 소리가 들려왔습니다. 아내는 회사일과 육아로 이미 지쳐 곯아떨어진 상태여서 아이가 숨이 넘어갈 것처럼 울어도 일어나지 못했습니다. 얼른 방으로 들어가 먼저 열이 있는지 아이의 이마를 짚어보았습니다. 약간의 미열만 느껴질 뿐 큰 문제는 없는 것 같았습니다. 기저귀를 만져보니 축축하니 묵직하게 처져 있었습니다. 기저귀를 갈아주는 것만으로는 도저히 안 될 것 같아 아이를 화장실로 안고 가 미지근한 물로 엉덩이를 씻겼습니다. 그래도 계속 칭얼대는 아이를 달래며 배가 고픈가 싶어 얼른 분유를 타서는 젖병을 물리자 집어삼킬 듯 세차게 빨아대더군요. 아빠가 불러주는 자장가를 들으며 아이는 순식간에 분유 한 통을 해치웠습니다. 트림을 시키고 아이가 다시 잠들 때까지 품에 안고 쉼 없이 거실을 맴돌았습니다. 내 품에 곤히 잠든 아이의 숨소리를 느끼며 아이의 따스한 온기를 가슴으로 받아들였습니다. 그 순간, 이것이야말로 내 삶의 가장 소중한 부분이 아닐까라는 생각이 들었습니다. 아이가 내 삶에 궁극적인 의미와 가치를 부여해 내 자신을 더욱 가치 있는 존재로 만들어준 것입니다. 거기서부터 나의 아빠로서의 삶의 철학에 대한 고민이 시작되었습니다.

대학원 시절에 읽었던 서울대학교 이홍우 교수의 『교육의 목적과 난점』이라는 책이 있습니다. 그 책의 표지에는 아주 재미있는 도안이 그려져 있습니다. 세종대왕이 한글을 창제할 당시에는 자음 중에 'ㅿ'이 포함되어 있었는데, 이후에 'ㅿ'이 'ㅅ'과 'ㅇ'으로 바뀌었다는 설이 있습니다. 'ㅿ'이 '시옷'이 되어 'ㅅ·ㄹㅁ'이라는 단어가 만들어졌고 이어 오늘날의 '삶'이라는 단어로 진화했다고 합니다. 또 자음 'ㅿ'이 '이응'이 되어 만들어진 단어가 'ㅇ·ㄹㅁ', 다시 말해 '앎'이라는 단어입니다. 우리 인생에서 '삶'과 '앎'은 별개가 아니라 '살아가면서 알아간다' 혹은 '알아가면서 살아간다'고 해서 '살암', 즉 '사람'이라고 하는 게 아닌가 싶습니다. 결론적으로 사람은 살아가면서 끊임없이 알아가고 깨우쳐가는 숙명을 안고 태어났다고 생각합니다. 삶과 앎의 중요성, 바로 그 안에 철학이 있습니다.

많은 아빠들이 삶의 철학이라고 하면 너무 무겁게 접근하려는 경향이 있습니다. 철학을 어렵게 생각해서 그렇습니다. 우선 철학이라고 하면 근사한 미사여구나 어려운 한자, 경구 혹은 격언을 통해 무언가 교훈이 될 만한 말들로 열거해야 할 것 같은 강박관념이 우리의 의식세계를 지배하고 있어서 그런지도 모르겠습니다. 어쩌면 동서양의 많은 철학 서적이나 고전들이 난해하게 소개된 때문이기도 할 것입니다.

'철학'의 정의에 대해서는 여러 가지 개념적 접근이 가능하겠지만, 제 개인적인 생각으로는 '우리의 삶을 밝혀주는 학문'이라고 말할 수 있을 것 같습니다. 다시 말해 철학이란 마치 어둠 속에서 길을 밝혀주는 등불 역할을 하는 학문이라고 생각합니다. 우리 삶의 지표로 삼을 만한 개념이나 사상, 관觀 혹은 가치관과 신념 등이 개인의 철학적 범주에 속하는 것들입니다. 작게는 옳고 그름의 판단에서부터 어떻게 인생을 살아가야 할 것인지 등 삶의 순간순간마다 가야 할 길을 제시하는 데 근거가 되는 생각의 바로미터가 바로 철학이 아닐까 합니다.

아빠에게 철학이 필요한 이유는 뚜렷합니다. 첫째, 아빠 스스로 자신에 대해 올바르게 이해하지 않고서는 건강한 자아상을 만들기 어렵습니다. 또한 자신에 대한 올바른 이해 없이는 타인과도 결코 진실하고 깊은 관계를 만들어나가기 어렵기 때문입니다. 둘째, 아빠가 자신이 경험한 인생이나 세계관에 대해 확고한 신념이 없다면 자신 있게 아이들을 양육하고 교육하기 어렵습니다. 한 가정을 이끄는 아빠에게 철학이 없다는 것은 지도나 나침반 없이 항해에 나서는 선장과 다르지 않습니다. 따라서 아빠 스스로 인생의 가치와 목표, 그리고 미래를 향한 비전을 설정하는 일이 무엇보다 중요하다고 생각합니다. 그러기 위해서는 우선 아빠 스스로 끊임없이 자신을 되돌아보고, 자신만의 확고한 철학을 세워야 할 것입니다.

인생과 삶에 대해
아이와 수시로 이야기하자

아이를 대접으로 키울 것인지, 간장 종지만 한 그릇으로 만들 것인지는 아빠의 영향에 달려 있습니다. 물론 대접은 대접대로, 간장 종지는 간장 종지대로 각각의 쓰임이 있어서 적절한 비유가 아닐 수도 있습니다. 하지만 그릇의 크기를 인생의 도량으로 본다면 아빠는 아이가 큰 그릇이 되도록 포부와 자신감을 심어주는 역할을 해야 합니다.

2011년 여름, 육아정책연구소 국제학술대회에서 아버지 관련 연구를 발표할 기회가 있었습니다. 아빠는 누구이고, 건강한 가정을 위해 아빠들에게 어떤 역할을 기대하며, 실제로 어떤 일들을 할 수 있는지, 그리고 한국의 아빠들과 미국에 살고 있는 한국 출신 아빠들을 비교하는 연구를 발표했습니다. 아빠는 엄마와는 다른 양육 메커니즘을 가지고 있습니다. 예를 들어 우리가 작고 미세한 물건을 관찰할 때는 현미경을 쓰고, 멀리 있는 물건이나 풍경을 관찰할 때는 망원경을 쓰는 것과 비슷합니다. 엄마들은 아이들의 교육과 관련해 가까이 있는 현실에 관심이 많습니다. 저는 이것을 소프트웨어적인 관심이라고 말합니다. 반면에 아빠들은 좀 더 멀리, 그리고 넓게 아이들과 거리를 두고 접근하는 경향이 있습니다. 이를 하드웨어적인 관심이라고 하지요. 엄마의 양육이 섬세함의 미학에 바탕을 둔다면, 아빠들의 양육은 대범함에 기초합니다. 물론 이런 이분법적 접근이 모든 가정의 엄마 아빠에게 적용되는 것은 아니지만, 제가 그동안 아버지 관련 연구를 통해 얻은 데이터에 기초한 보편적 결과라고 볼 수 있을 것 같습니다.

어린 시절 어떤 아빠 밑에서 자랐는지가 아이들의 인생을 크게 좌우합니다. 아빠에게 듬뿍 사랑을 받은 행복한 경험과 기억이 많은 아이들은 독립적이고 주관이 뚜렷하며 또래 집단을 리드하는 주도형 인간으로 자랍니다. 아이들의 인생에서 처음 만나는 믿음직하고 힘이 센 첫 번째 남자가 바로 아빠이기 때문입니다. 아이들은 그런 아빠를 항상 존경하고 끊임없이 동경합니다. 또 아빠와 자신의 동일시를 통해 아빠가 닦아놓은 인생의 항로를 선택할 가능성이 높습니다. 더 나아가 아빠가 개척하지 못한 길조차도 자신 있게 나아갈 수 있는 용기를 갖게 됩니다.

사실 저는 어린 시절 엄격하고 무서운 아버지 밑에서 자랐습니다. 잘하면 상을 주시기도 했지만, 실수를 하거나 말썽을 피우거나 아버지의 뜻을 거스를 때면 어김없이 회초리를 드셨습니다. "모든 것은 아빠가 책임질 테니, 너는 마음껏 네가 하고 싶은 일에 도전해보렴"이라고 말해주시는 아버지가 아니라 "너는 내가 계획하고 있는 길을 걸어가야만 한다"는 묵시적이며 강제적인 훈육을 하는 아버지셨지요. 저는 초등학교에 들어가서도 친구들을 리드하기보다는 아이들의 의견에 끌려 다니는 수동적이고 내성적인 아이였습니다. 사춘기를 거치면서 저의 롤모델이었던 큰형님이 계시지 않았다면 저는 제 목소리를 내지 못하는 앵무새 같은 삶을 살았을지도 모릅니다.

물론 아버지에 대해 좋지 않은 기억만 있는 것은 아닙니다. 어쨌거나 그것이 긍정적이든 부정적이든 현재 아빠로서의 저의 정체성에 큰 영향을 미치고 있는 게 사실입니다. 가끔씩 아이들을 대할 때 아버지가 제게 했던 말과 행동, 표정까지 그대로 재현하고 있는 내 모습에 스스로 깜짝깜짝 놀랄 때가 있습니다. 비단 저 개인만의 문제가 아니라 많은 아빠들이 자신의 아버지가 했던 것과 같은 모습으로 지금의 내 아이를 대하고 있을 가능성이 높습니다. 사실 제 주변의 아빠들을 보면 자신의 아버지에 대해 애증의 기억을 가지고 있는 경우가 많습니다.

"왜 그토록 우리에게 무섭고 엄하셨을까?"

"대화보다는 왜 매를 더 많이 드셨을까?"

"당신의 삶을 희생하면서까지 학업과 성공을 바라셨으면서도 왜 사랑의 표현에는 그렇게도 인색하셨을까?"

아버지를 미워하면서도 미워할 수 없는, 그렇다고 다정다감하게 다가갈 수도 없는 큰 벽을 마주한 듯한 느낌은 여전히 지울 수가 없습니다. 그러면서 한편으로는 지금 내가 아이들을 향해 그런 아버지의 모습을 재현하고 있지는 않은지 반문해봅니다.

아이들이 청소년기를 맞으면, 나는 누구인가? 나는 무엇을 위해 태어났는가? 앞으로 어떻게 살아가야 하는가? 등 끊임없이 자아정체성에 대해 고민하게 됩니다. 외양이나 신체로 대표되는 일명 '거울자아'인 자신의 모습과, 친구들과 사회관계 속에서 타인에게 비춰진 자신의 모습, 이 둘 사이에서 끊임없이 갈등하는 시기가 찾아오는 것입니다. 아이들이 "나는 누구인가요? 어떻게 살아가야 하죠?"라고 물을 때 아빠는 이런 질문에 대답해줄 수 있어야 합니다. 물론 정답은 없습니다. 이제껏 살아오면서 겪었던 일들에 대해 정직하고 솔직하게 말해주면 됩니다. 그러기 위해서는 지금부터라도 그 준비를 해두어야 할 필요가 있습니다. 아이들이 스스로 "나는 누구인가?"라는 질문의 답을 찾는 것은 매우 중요한 일입니다. 자기 정체성에 대한 확신과 믿음을 기초로 삶의 목표가 정해지기 때문입니다. 그리고 그것은 곧 삶의 목표를 이끌어갈 동력의 시발점이기 때문입니다. 그래서 아빠는 자녀들이 어릴 때부터 자신의 인생관과 삶의 철학에 대해 수시로 이야기하는 연습이 필요합니다. 아이들의 꿈과 희망, 삶의 포부와 성숙된 인격으로 나아가는 길목에서 아빠의 도움은 꼭 필요하기 때문입니다.

아이를 가르쳐야 한다는
강박에서 벗어나라

　많은 사람들이 아빠의 기본적인 역할은 아이들을 훈계하고 가르치는 것이라는 강박관념을 가지고 있습니다. 우리 사회에 오랫동안 전해 내려오는 유교적 도덕관념의 결과가 아닐는지요. 유교적 전통을 바탕에 두고 있는 가정의 가족관계는 수평적이 아니라 수직적이기에 더욱 그렇습니다. 과거 서양의 경우도 크게 다르지 않습니다. 심리학자 마이클 램Michael E. Lamb의 말에 따르면, 근대화와 현대화가 진행되기 전 미국의 아버지는 도덕적인 리더로 비쳐지고 있습니다. 미국을 비롯한 다수의 서구 사회에서도 아버지를 축으로 종적인 형태의 가족관계가 구성되었던 것입니다. 그리고 그들 역시 아버지가 아이들을 훈계하고 가르치며, 체벌하는 것을 전통으로 여겨왔습니다.

　하지만 현대 사회에서 아빠의 권위는 과거와는 달리 절대적이지 않습니다. 이제는 그 패러다임이 완전히 바뀌어 일방적으로 가르치는 사람이 아닌 아이들이 존경할 수 있고, 보고 배울 만한 롤모델로서의 아빠를 필요로 하는 시대가 온 것입니다. 아이들을 잘 키우고 싶다면 우선 스스로 좋은 아빠가 되어야 합니다. 예를 들어 아들은 아빠를 보고 자라며 성 정체감을 발달시키고, 딸들 역시 아빠를 보고 자라며 이성에 대한 판단 기준을 마련한다는 게 '아버지의 성 역할' 연구의 핵심입니다. 미래에 나의 딸이 선택할 배우자가 반듯하고 박력 있고 매력 있는 자상한 사람이기를 바란다면 지금 당장 아빠 스스로가 딸한테 그런 사람이 되어주는 게 가장 좋은 사전 교육입니다. 다시 말해 당신이 멋진 아빠라면 후일 딸이 당신과 같은 배우자를 데리고 올 가능성이 높다는 이야기입니다. 바람직한 아빠의 모습은 우리의 아들과 딸들이 남성으로서 혹은 여성으로서 자신의 정체성을 발견하고 실현시키는 데 출발점이 된다는 사실을 명심해야 합니다.

지금 아빠인 당신은 남자로 태어나 남성성을 배우고 남자 성인으로 성장했습니다. 사랑하는 여인을 만나 결혼도 했고 남편이 되었습니다. 당신의 아이를 품에 안으면서 비로소 아빠로서의 두 번째 삶이 펼쳐지고 있습니다. 그렇다면 아이들의 아빠가 된 지금 당신의 롤모델은 누구입니까? 누구로부터 아빠로서의 기본적인 역할에 대해 배우고, 또 어떤 식으로 자녀 양육과 교육에 참여하고 있습니까?

저를 비롯한 많은 남자들이 자신의 아버지에게서 아빠의 역할을 학습합니다. 아버지의 아버지가 그랬듯이, 대대로 내려오는 아버지의 정체성과 그들에게 배어 있는 문화 속에서 아버지의 정체성을 찾습니다. 아버지 됨을 나의 아버지로부터 배우는 셈이지요.

사회학습 이론을 만든 밴두라Albert Bandura는 사람들은 관찰과 모방을 통해 행동 양식을 배워간다고 말합니다. 특히 그들은 관찰하고 모방하는 과정에서 자신에게 가장 영향력 있는 사람을 모델로 삼습니다. 아이들의 주 양육자인 엄마와 아빠가 그들의 일차적인 동일시 대상입니다. 아이들이 아빠의 행동을 관찰하고 그대로 모방하는 반복적인 행동은 아빠의 말과 행동에 대한 선망이 가장 강렬하기 때문입니다. 자신이 가장 좋아하는 아빠가 하는 말과 행동을 따라하는 것은 어쩌면 당연한 일입니다. 혹자는 아이들은 아빠의 그림자를 밟고 살아간다 말합니다. 아빠의 말과 행동 습관 하나하나가 아이들에게는 살아 있는 교과서이기 때문입니다.

이제 세 살인 제 아들은 제가 부르는 노래를 곧잘 따라하곤 합니다. 기존 동요를 개사해서 불러주는 제 노래가 아이에게 또 다른 재미와 도전 정신을 가져다주는 모양입니다. 또 아빠가 양치질을 하면 아이는 자신의 칫솔과 치약을 들고 와 제 옆에서 이를 닦습니다. 아빠가 껌을 씹으면 아이도 껌을 달라고 하고, 아빠가 물을 마시면 자신도 목이 마르다며 물을 달라고 합니다. 아이는 요즘 아빠의 면도기와 면도 거품에도 무척 관심을 보입니다. 제가 면도를 하고 있노라면, 자신도 해보고 싶다며 졸라대는 통에 조만간 장난감 면도기라도 하나 마련해주어야 하지 않을까 싶을 정도입니다.

거듭 말하지만 아이에게 무언가를 가르쳐야 한다는 강박관념에서 벗어나세요. 대신 아빠가 아이의 좋은 모범이 되면 됩니다. 아빠가 아이에게 어떤 메시지를 보내고 싶다면 꾸미지 말고 있는 그대로를 말하면 됩니다.

"아빠는 진하가 어제 잠을 늦게 자서 오늘 피곤해하고 힘들어하는 걸 보니 마음이 아팠어. 아빠는 진하가 일찍 자고 일찍 일어나서 진하가 하고 싶은 놀이도 마음껏 하고, 아빠랑 맛있는 음식도 같이 먹었으면 좋겠어. 아빠는 진하가 건강하고 튼튼하게 자랐으면 좋겠거든. 오늘은 아빠랑 같이 목욕하고 동화책 보고 일찍 자지 않을래? 아빠가 진하가 잘 잘도록 팔베개도 해주고 노래도 불러줄게. 알았지?"

저는 아이가 알아들을 수 있는 어투로 진실하고 꾸밈없이 말하려고 노력합니다. 아이가 무엇을 하길 원하고, 어떤 생각을 하고 있는지 알아가려고 노력하는 아빠는 이미 아이의 가장 믿음직한 친구입니다.

아버지로 산다는 것

크리슈나무르티Krishnamurti의 『자기로부터의 혁명』이라는 책이 있습니다. 관점에 따라 다르지만 제 생각으로는 '자신의 내면을 바라보려는 노력'이 이 책에서 말하려는 핵심 가치가 아닐까합니다. 좋은 아빠가 되려면 겉으로만 아빠 역할에 충실하고자 애쓰기 이전에 자기 자신을 돌아볼 시간이 필요합니다.

윌리엄 제임스William James는 『심리학의 원리』를 통해 인간의 삶을 지배하는 중요한 요소로 습관, 본질, 자아라는 세 가지 개념을 내세웠습니다. 주된 관심사는 인간의 본능이 후천적으로 습득된 습관에 영향을 받아 자아 개념에 깊은 영향을 미친다는 것입니다. 부모와 친구 등의 사회적 상호작용을 거치면서 본능적으로 습득한 습관에 의해 인격이 형성된다는 뜻입니다. 물론 자아라는 개념은 자기 자신의 것이라고 말할 수 있는 모든 것들, 예를 들어 자아를 구성하는 하부 요소나 개인의 의식과 정서, 그리고 행동 양식이라고 할 수 있는데,

후천적으로 획득한 개인의 습관이 자의식 발달에 밀접하게 관여하고 있다는 사실에 주목하고 싶습니다.

결혼했다고 모든 남자가 다 아빠가 되는 것은 아닙니다. 크게는 우선 생물학적으로 자녀를 둔 결혼한 남자를 말하고, 다른 하나는 입양을 통해 아빠가 된 경우입니다. 그리고 최근 한 부모 가정이 늘어나면서 혼자 아이를 키우는 아빠들도 늘고 있는 추세입니다. 독일의 아동학자 바실리오스 프테나키스Wassilios Fthenakis의 말에 따르면 "육아하는 아빠"와 "부양하는 아빠"로도 나눌 수 있습니다. 육아에 참여하는 아빠는 아이의 성장과 발달에 관심을 두고 가족들 간의 상호관계를 중요하게 생각하는 반면, 부양에 초점을 맞추는 아빠는 가정보다 직장이나 일에 더 관심을 쏟는 유형입니다.

아이들의 초기 애착 대상은 주 양육자인 엄마인 경우가 일반적입니다. 하지만 아이들은 아빠와의 관계 속에서 남성성을 배우고 사회성을 키우며 균형 있는 정체성을 발달시킵니다. 아이들의 출생 시점부터 영유아기를 거치는 동안 아빠는 아이들과의 애착 형성에 결정적인 역할을 합니다. 예를 들어 아내의 출산 과정에 아빠가 적극적으로 참여하면 아기와 엄마의 신뢰관계와 별도로 아빠와 아이 간의 신뢰관계 역시 생기게 됩니다. 엄마와는 또 다른 패턴의 접근이 아이들에게는 도전적으로 느껴지기 때문입니다.

마이클 램은 부모의 양육 행동을 통해 공통적인 결과를 찾아냈습니다. 첫째, 엄마들은 주로 아이들을 보살피고 감싸주는 행동이 빈번한 반면, 아빠들은 아이들과 신체적으로 밀접한 활동을 많이 하며 상호 신뢰관계를 쌓아간다는 점입니다. 밀착된 관계를 유지하며 정서적인 지원이 주를 이루는 엄마들의 양육 패턴과, 자녀들과 일정한 거리를 유지하며 아이의 자율성을 독려하는 아빠들의 양육 패턴이 아이들의 정서적 안정감과 행동반경을 넓혀주는 것이지요. 다시 말해 아빠는 아이들에게 울타리가 되어주고 경계를 설정해줌으로써 아이들에게 그 안에서 안전하게 보호받으며 뛰어놀 수 있다는 자신감을 심어주는 것입니다. 마치 동물의 세계에서 아빠 사자가 외부의 침입자가 있는지 없는지 경계 태세를 갖추고 있는 동안 엄마 사자가 새끼 사자를 먹이고 돌보는 역할을 하는 것과 흡사합니다.

둘째는 사회 문화적인 요소들이 아버지의 자아정체감 형성에 크게 관여한다는 점입니다. 과거로부터 내려오는 가부장적 문화를 그 대표적인 예로 꼽을 수 있습니다. 아버지는 엄해야 하고 어머니는 자애로워야 한다는 고정관념 속에서 아버지는 아이들을 꾸짖고 훈육하는 역할을 담당해왔습니다. 그것이 지금껏 우리 아버지들의 자아를 형성하는 데 큰 영향을 끼쳤다고 할 수 있습니다.

특히 한국 사회에 산업화와 근대화가 급속하게 진행되고, 사회 전반에 걸쳐 질적인 변화보다 양적인 성장에 초점을 맞추다 보니 기형적으로 생긴 사회 문화 현상이 다수 있습니다. 예를 들어 왜곡된 남성 문화가 그 대표적인 예 중 하나입니다. 남성들의 체면과 겉치레 문화, 일과 직장 중심의 문화, (남자의 도량은 주량과 비례한다는) 음주 문화, (영웅호색과 같은) 성문화, 남성 중심의 게임 및 레저와 폭력 문화, 사이버 문화(음란 사이트), 마약 등 현대 사회가 직면하고 있는 쾌락 중심의 문화가 한국 사회 저변에 깔려 있음을 부정할 수 없습니다. 이것이 한국 사회의 대표적인 모습은 아니겠으나, 성인 남성들이 가지고 있는 이른바 남자다움이라는 정의에 이 같은 편견이 자리 잡고 있는 것은 분명합니다.

또한 많은 한국 남성들의 집단적 무의식에 자리 잡고 있는 생각 중 하나가 "진정한 남자라면 강해야 한다. 절대 남 앞에서 눈물을 흘려서는 안 된다. 반드시 사회적으로 성공해야 한다. 남의 도움 따위는 구하지 말아야 하고, 나의 실수를 쉽게 인정해서는 안 된다"는 것입니다. 안타깝게도 이런 고정관념이 오늘날의 아빠들을 옭아매고 있는 것은 아닌가 합니다. 언제부터인가 우리 사회에는 리더를 뽑을 때 능력을 최우선으로 하는 분위기가 만연해 있습니다. 일만 잘하고 가시적인 성과물만 있으면 도덕적으로 다소 흠이 있더라도 용인되는 사회가 되어버린 것이지요. 남을 속이고 밟고 올라서려는 자, 기득권을 놓지 않으려는 자들 간의 전쟁터가 되고 말았습니다. 그 전쟁터의 한가운데 우리의 아빠, 우리의 아버지들이 서 있습니다.

아빠의 정체성, 진정한 남성성은 도덕적 순결, 곧 정정당당함에서 출발한다고 생각합니다. 거리낌이 있다면 그것을 털고 일어섰을 때만 남편으로서, 아빠로서의 책임을 다할 수 있다고 봅니다. 밖에서는 전혀 다른 생활을 하면서 집에서만 아빠로서의 역할에 충실하려는 아빠들은 아이들과 가족을 위해 진정으로 희생할 수 없습니다. 아빠의 리더십과 사랑은 진실함에서 나오기 때문입니다. 아내를 진심으로 사랑하지 않으면서 아이들을 진심으로 사랑한다고 말하는 아빠가 있다면, 그 또한 위선입니다.

　소크라테스의 "음미되지 않은 삶은 무의미하다"라는 말이 생각납니다. 우리는 삶의 매순간을 음미할 필요가 있습니다. 우리는 과거를 통해 배우는 기회를 갖게 되고, 현재를 통해 엄중한 현실 세계를 마주하고 경험하며, 미래를 통해 인생의 비전과 희망을 품을 수 있기 때문입니다. 과거는 이미 지나갔고, 현재는 무수히 우리를 스쳐가고 있으며, 미래는 지체하지 않고 어김없이 다가옵니다. 그 시간 앞에 우리는 한 사람의 아빠로서 어떤 마음가짐을 가져야 할까요? 지금 필요한 것은 "창조를 위한 용기"라고 생각합니다. 심리학자인 롤로 메이Rollo May의 말입니다. 아빠가 살았던 과거의 그림자를 내 아이들에게 그대로 대물림할 것인지, 과거의 그림자에서 벗어나 내 아이에게는 좀 더 나은 미래를 선물할 것인지는 나의 마음가짐과 확고한 믿음에 달려 있습니다.

　우리는 일생을 살아가면서 수많은 사람들을 만나게 됩니다. 또 우리가 속한 인종의 배경, 사회 경제적 지위, 가족의 구조, 지역 문화 등 셀 수 없이 많은 변수들과도 마주합니다. 그 속에는 종교나 이념적인 전통도 있고, 매스미디어의 영향도 있습니다. 정보가 범람하고 사회적 요구가 폭주하는 사회에서 자신의 뜻과 철학을 이루며 살아가기란 쉬운 일이 아닙니다. 우리 모두는 외부 환경에 의해 삶이 지배되기 쉬운 현실 속에 살고 있기 때문입니다. 나 아닌 다른 사람과의 관계 속에서 서로 이해하고 존중하며 살아가기 위해서는 본인의 신념과 가치를 세우는 일이 우선되어야 합니다. 한마디 말과 행동으로 모든 것을 표현하려는 조급함이 현대 사회의 두드러진 특징이 되어버렸습니다.

그렇더라도 결코 서두르지 않고 참고 인내하며 우리는 우리의 삶을 계속해야 합니다. 더군다나 바람직한 아빠가 되고 싶다면 위에서 언급한 사실들과 여러 가지 변인들에 대해 고민하고 또 고민해야 합니다. 흔들림 없이 깊이 뿌리내린 참된 아빠의 모습을 여러분 각자의 삶 속에서 올곧이 실천해나가기를 바랍니다.

아이의 언어로 대화하는 방법

영어에 '이해하다'라는 뜻의 'Understand'라는 말이 있습니다. 누구나 다 아는 익숙한 단어이지만 자세히 살펴보면 여기에는 매우 흥미로운 사실이 담겨 있습니다. '아래'라는 뜻의 'Under'와 '서다'라는 뜻의 'Stand'가 합쳐진 단어입니다. 영어 고어에서는 'Under'가 'Among'이나 'Between'과 동일하게 쓰이기도 했습니다만, 여기서 궁금한 것은 왜 영어학자들이 '이해하다'라는 동사를 '서 있는 아래' 혹은 '아래에 서다'라는 뜻으로 만들었을까 하는 것입니다.

제 생각엔 앉아 있는 상대방을 바로 이해하기 위해서는 나 역시 앉아서 상대방을 마주해야 한다는 의미가 아닐까 합니다. 다시 말해 상대방을 잘 이해하려면 무릎을 꿇고 상대방의 눈높이에 맞춰야 한다는 것입니다. 아이들을 대할 때도 마찬가지입니다. 아이를 잘 이해하고 원활하게 소통하기 위해서는 아이의 수준에 맞춰 아빠 스스로 낮아지려는 노력이 필요합니다.

아이들을 이해하려는 첫 번째 노력은 아이들의 언어로 대화하는 것입니다. 아빠와 아이가 쉽게 이해할 수 있는 언어, 아이들이 공감할 수 있는 말로 이야기를 나눌 때 아이들은 마음을 열고 자신의 생각을 거리낌 없이 표현하게 됩니다. 누군가와 소통한다는 것은 생각과 마음을 나누는 작업입니다. 서로가 가진 생각을 자유롭게 나눌 수 있을 때 비로소 공감하는 마음이 생기는 것은 당연한 이치입니다.

제 차에는 아이들을 위한 무설탕 껌과 유아용 과자가 항상 준비되어 있습니다. 아이가 출출해하거나 심심해할 때 먹기기 위한 간식의 의미도 있지만, 그보다는 아이와의 소통을 위한 매개의 의미가 더 큽니다. 아이가 유치원을 마치고 집으로 돌아오는 길, 우리는 차 안에서 많은 이야기를 나눕니다. 유치원에서 재미있었던 일은 무엇인지, 선생님과 친구들과는 잘 지냈는지, 낮잠은 잘 잤는지, 몸이 불편한 곳은 없었는지 등을 물어봅니다. 그리고 아이가 아빠에게 하고 싶어 하는 이야기들을 귀 기울여 듣습니다. 예를 들면 이런 식입니다.

진하: 아빠, 아빠 차에 껌 있어요?

아빠: 네.

진하: 껌 좀 주실 수 있어요? 껌 냄새 맡아보게요.

아빠: 알았어요. (껌을 건네주고 잠시 후에) 껌 냄새가 어때요?

진하: 좋은 것 같아요. 하나만 씹어보면 안 돼요?

아빠: 되고 말고요. 하나 씹어보세요. 아빠도 하나만 줄래요?

진하: 네. 그런데 아빠, 껌은 많이 씹으면 안 되죠?

아빠: 그럼요. 설탕이 들어간 껌은 조심해야 해요.

진하: 왜요?

아빠: 글쎄요, 껌을 너무 많이 씹으면 어떻게 될까요?

진하: 많이 씹으면 이가 썩어요!

아빠: 이가 왜 썩지요?

진하: 세균 악마가 생겨서요. 그러면 이가 많이 아야 해요! 그래서 껌을 씹고 나면 이를 잘 닦아야 해요.

아빠: 아, 그렇군요. 진하, 아빠한테 그렇게 중요한 걸 알려줘서 고마워요!

위의 대화에는 몇 가지 주목할 만한 사실이 있습니다. 첫째는 아이들이 쉽게 알아들을 수 있는 친숙한 언어를 사용한다는 점입니다. 아이들은 상대방의 말이 쉽게 이해되고 공감될 때 자신의 느낌이나 생각을 솔직하고 자유롭게 말하게 됩니다. 아빠들이 자신들의 언어(어른들의 언어)로 말하면 아이들은 아빠의 말에 흥미를 갖지 못한다는 뜻입니다. 또 아빠들은 아이가 자신의 말을 듣지 않는다고 화를 내지만 아이들은 아빠의 말이 어렵고 가슴에 와 닿지 않기 때문에 대화의 문을 닫는 것입니다.

둘째는 아빠와 아이가 존대어로 대화를 주고받는다는 점입니다. 우리 부부가 아이들에게 존대하는 것을 보고 주변 사람들이 신기하게 여기곤 합니다. 저는 오랫동안 유치원 교사로 일한지라 아이들에게 존대하는 게 매우 익숙하고 편안합니다. 하지만 그보다 더 중요한 것은 아이들의 말에 더 귀 기울이고 아이들의 속마음을 더 잘 헤아리고 싶은 존중의 의미가 포함되어 있습니다. 아울러 아빠가 아이들을 존중하는 말과 행동을 보일 때 아이들도 마찬가지로 상대방을 존중하는 습관을 갖게 된다는 장점이 있습니다.

셋째는 '껌'이라는 익숙한 소재를 통해 대화가 자연스럽게 이뤄지고 있다는 점입니다. 아이의 주된 관심사가 어디 있는지를 잘 알고 있는 아빠라면 그 관심사를 토대로 많은 이야기를 나눌 수 있습니다. 아이들과의 대화를 잘 이끌어가기 위해서는 먼저 아이들의 흥미와 관심사를 파악하는 게 좋습니다. 예를 들어 장난감, 놀이, 동화책, 게임, 유아용 TV 프로그램, 친구, 간식 등 아이들 주변에 있는 친숙한 소재를 대상으로 이야기를 시작하는 것입니다. 그러면 짧은 시간에 아이들과 친밀한 대화를 나눌 수 있습니다.

아빠습관 **2**

아빠는 순수한 스토커

아이를 위해 아빠가 가장 먼저 해야 할 일은 바로 관찰입니다. 다만 아이에게 일어나는 일들에 대해 관심을 가지고 지켜보되, 아이보다 먼저 나서서 해결하려고 해서는 안 됩니다. 아이가 무엇을 좋아하고 싫어하는지에 대해 주의 깊게 관찰해보면서 순수한 스토커가 되어보는 것은 어떨까요.

아이가 보내는 신호를 알면 아빠 노릇이 한결 쉽다

아이가 지금 무엇을 하고 있고, 무슨 생각을 하며, 무엇을 원하는지 잘 이해하려면 무엇보다 아빠의 세심한 관찰이 필요합니다. 그래서 저는 아빠를 '순수한 스토커'라고 부릅니다. 아이가 건강하게 성장하려면 시기와 단계마다 반드시 이뤄져야 할 심리적 발달 과제가 있습니다.

대표적으로 신생아기와 영아기 때는 엄마 아빠와의 관계를 통해 기본적인 신뢰감Basic Trust을 형성하는 게 무엇보다 중요한데, 이를 위해서는 아이가 보내는 신호에 부모가 어떻게 반응하는지가 매우 중요합니다.

그렇다면 아이가 보내는 신호를 어떻게 알아차릴 수 있을까요? 아이가 부모에게 보내는 신호에는 크게 울음과 웃음이 있습니다. 울음은 신생아가 세상과 소통하기 위해 처음으로 시도하는 외침이라고 할 수 있습니다. 또 신생아가 울음을 터뜨리는 것은 폐에 공기를 채워 바깥으로 내보낼 수 있는 능력이 있음을 의미하기도 합니다. 부모는 아이의 이런 울음이 제공하는 정보에 대해 민감하게 반응하고 울음에 담긴 메시지를 잘 읽을 수 있어야 합니다.

보통 아이의 울음은 세 가지로 구분할 수 있습니다. 첫째는 기본적인 울음 Basic Cry입니다. 리듬의 패턴이 일정하고 지속되는 경향이 있는 이 울음은 아이가 배가 고프거나, 기저귀가 젖어서 불편하거나, 외롭거나 두려운 경우입니다. 둘째는 화가 나서 우는 울음 Anger Cry입니다. 이때는 평소 울음에 비해 다량의 공기가 폐에 주입되기 때문에 울음소리와 속도가 훨씬 강하며, 자신이 화가 났다는 표현입니다. 셋째는 고통의 울음 Pain Cry으로, 아이가 느닷없이 크고 강하게 우는 경우를 말합니다. 자지러질 것 같은 이 울음소리는 아이에게 긴급한 일이 생겼음을 의미하므로 부모들은 즉각적으로 반응해야 합니다. 부모는 이런 세 종류의 울음소리를 들으며 점차 아이의 건강과 아이가 직면한 상황을 파악하는 능력을 키우게 됩니다.

아이가 부모에게 보내는 또 다른 신호에는 웃음 smile이 있습니다. 아이가 세상을 향해 보내는 행복의 신호입니다. 대표적인 웃음의 종류는 크게 두 가지로 구분할 수 있습니다. 첫째는 반사적 웃음 Reflexive Smile입니다. 이는 외부의 자극과는 별도로 생후 1개월이 지날 때쯤 잠을 자면서 웃거나 하는 자연적인 웃음입니다. 둘째는 사회적 웃음 Social Smile입니다. 이는 빠르면 생후 2개월부터 엄마 아빠 등의 양육자가 보내는 행동이나 표정, 말, 소리 등에 반응하며 즐거움을 표시하는 행동입니다. 심리학자 다니엘 메신저 Daniel S. Messinger는

『Smiling』이라는 책에서 생후 2개월부터 6개월까지 아이들의 사회적 웃음은 급속하게 발전하는 경향을 보이며, 자신의 의지에 의해 직접 짓는 웃음과 타인의 웃음에 반응하는 웃음으로 나눌 수 있다고 말합니다. 아이의 심리 상태나 건강 상태를 잘 파악하기 위해서는 부모가 아이의 웃음에 적절하게 반응할 필요가 있으며, 특히 부모와의 상호작용에 있어서 긍정적이고 자연스러운 환경을 만들어줄 필요가 있습니다. 이어 두 살, 세 살 걸음마기에 접어들면서 아이들은 별다른 의미 없이 웃던 이전의 웃음과 달리 서서히 자신의 웃음에 의미 체계를 담아내려는 시도를 합니다.

이처럼 아이의 울음과 웃음은 부모와 아이의 애착 형성에 아주 중요한 역할을 합니다. 아이가 울거나 웃을 때 부모가 바로 반응해야 하는 이유가 바로 여기에 있습니다. 예를 들어 아이가 아프거나 배가 고파 울음으로 신호를 보내는데도 부모가 적절하게 반응하지 않는다면 아이는 부모와의 관계를 상호 신뢰적으로 발전시키기 어렵습니다. 또한 아이가 계속적이고 반복적으로 웃음을 보내는데도 부모가 적극적으로 반응하지 않는다면 아이는 이내 웃음 짓는 행동을 멈추게 됩니다. 이외에도 아이가 부모에게 보내는 신호에는 덥거나 추움, 불편함, 외로움 등 우리가 일상에서 느끼는 것과 비슷한 모든 감정과 감각이 포함되어 있습니다. 이는 아이가 필요로 하는 기본적인 욕구들이며 부모는 여기에 즉각적으로 반응할 의무가 있습니다.

그런데 아이가 좀 더 자라서 말을 하게 되면, 부모는 아이의 말이나 행동에 이전처럼 곧바로 반응하지 않는 경우가 있습니다. 특히

3~4세는 아이들이 부모에게 많은 질문을 하기 시작하는 때입니다. 더러 말이 안 되는 질문을 하기도 하고, 똑같은 질문을 반복적으로 하기도 합니다. 이때 특히 아빠들이 아이의 말을 무시하는 경우가 많습니다. 하지만 아이가 무슨 말을 하고 싶어 하는지 귀 기울여 듣고 원하는 설명을 해주는 게 아빠의 역할입니다. 또 아이가 아빠와 함께 놀이를 하고 싶어 하거나 바깥에 나가고 싶어 할 때, 또 동화책을 읽고 싶어 할 때도 아빠는 아이의 이런 요구와 흥미에 바로 반응해야 아이와의 신뢰감을 쌓을 수 있습니다.

아이들이 바깥세상을 향해 보내는 신호를 잘 이해하기 위해서는 각인 이론에 주목할 필요가 있습니다. 동물행동심리학자인 로렌츠 Konrad Lorenz는 모든 동물들에게는 결정적 시기 Critical Period가 존재한다고 믿었습니다.

예를 들어 새들이 부화한 직후 생존 본능에 따라 처음 본 대상을 자신의 엄마라고 믿는 것처럼 말입니다. 마찬가지로 사람에게도 이런 생존 본능이 존재하기 때문에 신생아 초기의 경험이 아이들에게 결정적으로 작용하는 것입니다. 생체 기억의 리듬 속에 각인된 초두효과 Primary Effect, 즉 처음에 받아들인 정보가 나중에 받아들이는 정보보다 훨씬 더 중요하게 작용하기 때문입니다. 양육자의 어떤 보살핌과 반응을 접하며 자라났는가가 아이의 반사 행동 Reflective Action 혹은 반응에 영향을 미친다는 것입니다. 잘 웃고 따뜻하며, 자신이 울 때 잘 달래주고 격려해주는 부모에게 아이들이 눈을 맞추고 옹알이도 하고 웃기도 하며, 손발을 버둥거려 움직임을 자유롭게 하는 것과 같습니다. 배가 고플 때 부모가 자신의 허기를 채워주고 젖은 기저귀를 갈아줌으로써 자신이 보호받고 있다고 생각되면, 아이는 안정감을 획득하고 엄마 아빠의 말과 행동을 흉내 내게 됩니다. 그리고 아이의 이런 모방 행동은 자율 행동으로 발달됩니다. 다시 말해 아이들은 엄마 아빠의 말과 행동을 세심하게 관찰하고 모방하며 그 모방된 말과 행동을 이제 자신만의 말과 행동으로 만든다는 것입니다.

아이들이 선택하는 모든 결정의 이면에는 이성보다 감성이 크게 지배하고 있다는 사실을 알아야 합니다. 아이들은 객관적인 정보를 처리하는 능력이나 이성적 판단의 명확한 기준이 아직 완전하게 발달되어 있지 않기 때문입니다. 따라서 영유아기에는 풍부한 감성이 잘 발달할 수 있도록 안정적으로 애착관계를 형성하는 게 무엇보다 중요합니다.

아동인지발달론의 대가 피아제Jean Piaget는 자신의 아이들에 대한 관찰을 바탕으로 연구를 체계화하고 완성했습니다. 보편적으로 아이가 두 살쯤 되면 관찰을 통해 모방학습을 시작합니다. 멜초프Andrew Meltzoff의 최신 연구에 따르면 생후 9개월이 되면 아이들은 과거의 일을 회상하고 모방 행동을 시작하며, 자신의 경험을 토대로 한 자율 행동을 추구하기 시작한다고 합니다. 이런 자율 행동은 만 한 살이 되면서 급속하게 증가하는 것을 볼 수 있는데, 관찰을 통해 말이나 행동을 모방하는 것을 관찰학습Observational Learning 혹은 모델링Modeling이라고 합니다. 어른들의 경우도 마찬가지입니다. 타인의 말이나 행동이 자신에게 매력적으로 받아들여지면 말투나 행동을 그대로 따라하게 되는 것을 쉽게 확인할 수 있습니다. 아이나 어른 모두에게 이런 모방 행동이나 학습은 단순히 타인의 행동을 그대로 답습하는 데 그치지 않고, 점차 자신의 고유한 것으로 승화시키는 능력으로 나타납니다.

눈치는 한 박자 빠르게
행동은 한 박자 늦게

우리의 삶은 무수한 기다림의 연속입니다. 부모는 아이의 탄생을 기다리며 아직 한 번도 본 적 없는 아이를 위해 옷과 기저귀 등 출산용품과 장난감을 준비합니다. 아빠는 길게는 열 시간, 열두 시간이 넘도록 아내의 출산의 고통을 나누고 격려하며 아이가 어서 태어나기를 기다립니다. 그리고 드디어 감격의 눈물을 흘리며 첫아이를 품에 안는 순간, 아빠는 자신이 삶의 정점에 서 있다고 생각합니다. 아기가 자다가 두세 시간마다 깨어 엄마젖을 빨고 나면, 아빠는 아내 대신 아이가 트림을 하도록 토닥여주고 다시 아이가 잠들도록 노래를 불러주며 품에 안은 채 방 안을 서성입니다. 아이가 아플 때도 "내가 아이 대신 아팠으면……" 하는 마음으로 간호하며 아이의 병이 어서 낫기를 기다립니다. 아이가 아픈 위기 상황에서도 아이의 생명만큼은 지켜내야 한다는 책임감과 인내심은 세상 모든 아빠의 한결같은 마음일 것입니다.

이것만이 전부가 아닙니다. 아빠들에게 필요한 기다림은 더 있습니다. 아이가 두 살이 넘으면 자의식과 고집이라는 게 생기기 시작합니다. 떼를 쓰기도 하고 "싫어!"라는 말을 수시로 합니다. 자기가 먹고 싶은 것, 자기가 하고 싶은 놀이, 자기가 좋아하는 사람 등등 세상의 모든 중심에 자기가 서 있다는 생각이 아이를 강력하게 지배합니다. 이는 매우 당연한 현상으로, 걸음마기와 유아기에 접어들면서 아이들에게는 자율성이라는 발달 목표가 생기기 때문입니다. 이 시기가 되면 아이들은 자기중심적인 사고를 하면서 독립적이고 자주적으로 무언가를 하고 싶어 합니다.

이때 보통의 부모들은, 아이들의 고집은 초장에 확 꺾어놓지 않으면 나중에 통제하기 어렵다며 아이와의 기 싸움을 시작합니다. 하지만 이 시기에는 아이가 요구하는 말이나 행동에 즉각적으로 반응하기보다 한 템포 쉬어가는 지혜가 필요합니다. 다시 말해 끝까지 아이의 말을 귀담아 들어주되 아이가 충분히 생각하고 판단할 수 있도록 아빠의 행동은 한 박자 늦출 필요가 있다는 뜻입니다. 적당한 거리 두기는 아이에게 아빠를 더욱 깊이 있는 존재로 만들어줍니다. 아이에게 일어나는 일들을 관심 있게 지켜보되, 아이보다 먼저 해결하려 해서는 안 됩니다. 눈과 귀를 크게 열어 아이의 변화를 관찰하되 당장 문제를 해결해버리고 싶은 욕구는 잠시 눌러두어야 합니다.

사람과 사람 사이에 일어나는 갈등에도 긍정적인 면이 있는데, 바로 갈등의 요소를 잘 극복했을 때 두 사람의 사이가 한층 더 돈독해진다는 점입니다. 아이들을 키우다 보면 기 싸움의 형태로 나타나는 아빠와 자녀간의 갈등 상황을 겪게 됩니다. 요즘 저의 첫째 아이가 점점 몸이 커지면서 자동차 뒷좌석에 있는 카시트에 앉기를 싫어합니다. 그래서인지 자꾸 시야가 탁 트이고 편안한 운전석 옆자리에 앉고 싶다며 떼를 쓰곤 합니다. 그런 아이에게 안전에 대해 설명하고 교통법규를 이야기하는 것은 소용이 없습니다. 이때 다른 아빠들은 이 문제를 어떻게 해결할까요?

"안 돼! 아빠가 운전할 때 조용히하라고 그랬지?"
"자꾸 징징거리면 아빠한테 혼난다!"
"아빠가 안 된다고 했는데, 너 자꾸 왜 그래? 한 대 맞아야 정신 차릴래?"

대부분의 아빠들이 이렇게 윽박지르거나 권위를 앞세워 아이의 요구를 묵살시켜버리는 경우가 다반사일 것입니다. 저를 비롯한 많은 부모들이 이런 사소한 것에서부터 시작해 점차 아이들과의 다양한 갈등 상황에 놓이게 됩니다. 그렇게 아이와의 팽팽한 기 싸움 모드에 돌입하면 아이도 어른도 전투태세를 갖추게 되고 결국 승자와 패자가 생기게 되는데, 이런 상황은 결코 바람직하지 않습니다. 이보다는 아이가 왜 카시트에 앉기 싫어하는지, 왜 앞자리에 앉으려 하는지 그 이유를 물어보는 여유를 가져야 합니다. 저는 실제로 아이를 운전석에 같이 앉히고 주차장이나 공터에서 함께 운전을 해보기도 하고, 조수석에 앉히고 대화를 나누기도 합니다. 그리고 왜 앞에 타면 안 되는지 다음과 같이 차근차근 설명해줍니다.

아빠: 앞자리에 앉아보니 어때요?

진하: 좋아요.

아빠: 아빠도 진하랑 앞자리에 나란히 앉아서 같이 운전하고 싶지만, 진하가 앞자리에 있는 건 너무 위험해요!

진하: 왜요?

아빠: 아빠 차가 사고가 나서 쾅 하고 부딪히면 진하가 크게 다칠 수 있거든요. 또 경찰 아저씨가 위험하다고 아빠에게 벌금 티켓을 주거든요.

진하: 티켓을 받으면 어떻게 되는데요?

아빠: 아빠가 교통 규칙을 안 지켰으니 돈을 내야 돼요.

진하: 왜요?

아빠: 사고가 나면 진하가 아야 하고 다치니까 경찰 아저씨가 아빠를 혼내는 거죠! 진하는 아빠가 경찰 아저씨한테 혼나면 좋겠어요?

진하: 아니요!

아빠: 그럼 진하가 나중에 커서 조수석에도 앉고 운전석에도 앉아서 운전할 때까지 조금만 기다려 줄래요?

진하: 네, 아빠!

아이들은 우리가 생각하는 것보다 훨씬 이해력이 높습니다. 그래서 아빠가 차분히 알아듣도록 설명하면 대부분의 경우 아이들은 아빠의 말을 수긍합니다. 아이가 이해할 수 있도록 잘 설명해주고, 아이가 스스로 생각할 수 있도록 조금만 기다려주면 아이는 아빠를 믿을 만한 사람, 말이 잘 통하는 사람으로 받아들이게 됩니다.

아이들이 아직 자신의 생각을 충분히 표현하기 어려운 나이인 만큼 아빠는 참고 기다려주는 미덕을 가져야 합니다. 그러면 아이들은 차츰 자신의 의견을 충분히 표현하게 됩니다. 그때까지 기다리지 못해 아이에게 호통을 치고 심지어는 체벌을 가하는 부모를 종종 보게 되는데, 어떤 이유로든 이 시기에 체벌을 사용해서는 안 됩니다. 엄마 아빠는 믿을 만한 사람이라는 신뢰관계를 형성하고 서서히 자신의 목소리를 찾아 떠나는 성장 과정에 접어든 아이의 자율성을 꺾어버리면 아이는 훗날 자신의 의견이나 생각을 제대로 말하지 못하는 수동적인 성인으로 자라게 될 것입니다. 그러므로 앞에서도 언급했듯이 아이가 스스로 생각하고 판단할 수 있을 때까지 참고 기다려주는 여유가 필요합니다.

만약 아이의 잘못된 행동과 습관을 도저히 용납할 수 없는 상황에 처했으나 지금 당장 이를 해결할 좋은 방안이 없다면 차라리 그 갈등 상황을 잠시 미뤄두는 게 좋습니다. 그 기다림의 끝에 두 사람의 깊은 신뢰와 사랑이 싹트게 됩니다. 물론 아이를 상대로 기다리는 일이 마치 도를 닦는 것과 같은 힘든 과정인 것만은 분명합니다. 그래서 참는 것보다 문제 상황을 슬기롭게 해결하려는 기지가 필요할 때도 많습니다. 모든 일이 그렇듯이 좋은 아빠가 되는 일 또한 숱한 시행착오를 거치면서 점점 능숙한 전문가가 되어가는 것입니다.

미국 애틀랜타 한인 교회 김정호 목사께서 들려주신 시 한 소절이 생각납니다.

한 마디 말로
자신이 누구인지 표현하려하지 말라.
우리는 말을 계속하며 살아야 한다.
한 번의 행동으로 모든 잘못을 바로잡으려 하지 말라.
우리는 계속 행동해야 한다.

꾸지람과 잔소리, 체벌 등으로 단번에 아이의 모든 행동과 생각을 바로잡겠다는 생각은 버려야 합니다. 아빠의 성급함과 인내의 부족이 불러오는 불행은 생각보다 크기 때문입니다.

아이의 성향과 기질을
파악하는 방법

아이와 잘 소통하는 아빠가 되기 위해서는 내 아이가 어떤 성향과 기질을 가지고 있는지에 대한 충분한 이해가 필요합니다. 어떤 놀이와 활동을 좋아하고, 어떤 것을 꺼려하고 두려워하는지 등 아이의 기질과 성향을 파악하면 이에 적절한 맞춤형 교육이 가능합니다. 흔히 많은 부모들이 아이의 성격이 삐뚤거나 정서적으로 불안하며, 참을성이 없고 행동 조절이 안 되는 등의 그릇된 행동의 원인을 부모 자신에게 돌리는 경우가 많습니다. 사랑과 애정으로 보살피지 못해 아이에게 문제적 행동이 일어났다고 판단해 자책하는 것입니다. 하지만 아이의 타고난 기질이나 성격의 영향도 크기 때문에 지나치게 자책할 필요는 없다고 생각합니다.

먼저 심리학자인 체스Stella Chess와 토머스Alexander Thomas가 분류한 아이들의 태생적 기질이나 성향은 크게 세 가지로 나타납니다.

첫째는 '쉬운 아이Easy Child'입니다. 원문을 그대로 옮기다 보니 '쉬운 아이'라는 어감이 좀 그렇습니다만, 말 그대로 신체 건강이나 심리 상태를 파악하기가 비교적 쉬운 아이를 뜻합니다. 예를 들어 신생아기와 영아기를 거치면서 자고 일어나는 시간이 규칙적이고, 젖을 먹는 시간과 배변하는 시간이 일정해서 부모가 그 상태를 쉽게 파악할 수 있는 아이들입니다. 또 이런 아이들은 새로운 환경에도 비교적 잘 적응하고 부모의 집중적인 보살핌 없이도 신체, 인지, 사회-정서 영역의 발달이 순조롭게 이뤄져서 앞으로 발달 과정이 어떻게 나타날지 예측이 가능합니다. 그렇기 때문에 부모나 양육자들이 비교적 쉽게 돌볼 수 있습니다.

둘째는 '어려운 아이Difficult Child'입니다. 어려운 아이는 자주 울고, 신경질적이며, 불규칙한 생활 습관을 가지고 있는 경우입니다. 쉽게 시간이나 환경의 변화에 적응하지 못하고, 부모가 예측하기 힘든 심리 정서적 반응을 보이기도 합니다. '쉬운 아이'들이 울 때는 배가 고파서인지, 졸려서인지, 아파서인지를 양육자가 비교적 잘 파악해 상황에 맞게 대처할 수 있지만, '어려운 아이'들이 울거나 보채는 경우에는 그 원인을 예측하고 판단하기가 어렵습니다. 이 아이들은 필요한 요구가 충족되거나 양육자가 아무리 달래주어도 울음을 잘 그치지 않고, 예민해서 수시로 자다 깨다를 반복하며, 약간의 소음에도 민감하게 반응해 다루기가 여간 어려운 게 아닙니다.

셋째는 '늦게 발동이 걸리는 아이Slow-to-warm-up Child'입니다. 이런 아이들은 발달이 전반적으로 늦고, 어떤 경우는 다소 부정적으로 활동하지만 '어려운 아이'처럼 까다롭고 예민한 반응을 보이지는 않습니다. 전반적으로 긍정적이고 활동적인 편이라기보다 감정이나 정서가 다운되어 있고 수동적인 아이들이 많습니다.

애착 관련 종단 연구 결과를 보면 아이들 중 40% 정도가 쉬운 아이, 10%가 어려운 아이, 15%가 늦게 발동이 걸리는 아이로 분류됩니다. 나머지 35%의 아이들은 위의 세 가지 범주에 속하지 않거나, 세 가지 특성이 겹쳐 복합적으로 나타나는 경우입니다.

아이들의 기질에 대해서는 임신기 산모의 영양이나 태교 등 외부 환경에 지배를 받는다고 주장하는 아동심리학자들이 있는가 하면, 기질과 성향은 아이가 태어나면서 갖게 되는 고유한 것이라고 해석하는 학자들도 있습니다. 하지만 부모들에게 중요한 것은 나의 아이가 어떤 성향을 가지고 있는지 파악하는 일과, 어떻게 아이의 그런 기질과 성향에 맞게 교육하고 활동해야 할지 그 대응 방안을 마련해야 한다는 점입니다.

아이들의 이 같은 기질은 점차 성격으로 나타납니다. 애착심리학자 중 한 명인 케이건Jerome Kagan은 아이들의 성격을 외향적 성격과 내향적 성격, 그리고 자기통제가 잘되는 아이로 나누어 분석했습니다. 물론 외향적 성격과 내향적 성격이 가지는 장단점이 있습니다만, 케이건의 연구에서 외향적 성향의 아이들은 긍정적으로 미래를 예측하고 외부를 향한 호기심이 잘 발동하며, 내향적 성향의 아이들은 초조감과 불안감, 두려움과 수줍음, 그리고 쉽게 좌절하는 특성을 가진다고 합니다. 마지막으로 자기통제와 조절이 잘되는 아이는 주의력과 집중력이 좋고, 상황을 파악하고 대처하는 능력이 뛰어나며, 자제력 또한 높게 나타나는 특성을 보인다고 합니다.

이처럼 아이들의 기질과 성향에 대해서는 유전적 요인과 태생적으로 생성된 생물학적 요인, 그리고 양육 과정에서 부모와 타인과의 상호작용 속에서 획득된다는 등의 다양한 의견이 존재합니다. 하지만 타고난 기질과 후천적으로 학습되고 획득된 성향이 아이의 인성을 결정하는 데 복합적인 역할을 한다는 게 학자들의 공통된 의견입니다. 문제의 핵심은 부모가 아이의 기질과 성향을 어느 쪽으로 발전시키고 이끌어주느냐 하는 데 있습니다.

예를 들어 매사 덜렁거리고 주의가 산만한 아이를 차분하고 주의집중을 잘하는 아이로 학습시키겠다고 야단을 치고 무조건 책상에 앉혀놓는 훈련을 시키는 것은 바람직하지 않습니다. 그보다는 아이의 장점이 무엇인지 관찰하고 찾아내 그 장점을 향상시키는 쪽으로 지도해야 아이가 올바른 방향으로 성장하게 됩니다. 다시 말해 아이가 가진 기질과 성향을 인정함으로써 아이의 단점을 고치려고 하기보다 아이가 가진 장점을 극대화시키는 데 먼저 초점을 맞추는 것입니다. 물론 아이가 치명적인 단점을 가지고 있다면 장점을 충분히 살려준 다음 아이의 단점에 차분히 접근해 서서히 개선해나가는 노력이 필요합니다.

아이의 마음을 움직이는
간단한 법칙

미국에서 박사과정 공부를 하는 동안 중고 피아노를 산 적이 있습니다. 한국 돈으로 120만 원 조금 넘게 주고 샀으니 적은 돈은 아니었지요. 게다가 300달러도 넘는 돈을 들여 수리와 조율을 하느라 애를 먹었습니다. 주변 사람들은 음악을 전공하는 것도 아니면서 무슨 그런 사치를 부리느냐고 곱지 않은 시선을 보내기도 했습니다.

하지만 피아노는 고단한 유학생활에 더없는 위로가 되어주었습니다. 주변 사람들도 제가 피아노를 치며 노래 부르는 모습을 보며 함께 즐거워했고 더러는 부러워하기도 했습니다. 남에게 보이기 위해 피아노를 연주한 것은 아니었지만, 긴 유학생활의 고단함을 잊게 해줄 만큼 큰 즐거움이었습니다. 하루는 옆집에 사는 한국 유학생 후배가, 어느 정도 연습을 하면 나처럼 피아노를 연주하며 노래를 부를 수 있느냐고 물었습니다. 저는 그에게 "글쎄, 사람에 따라 다르겠지만 2~3년은 꾸준히 쳐야 할 것 같다"고 말해주었습니다. 그러자 후배는 다소 실망스러운 표정을 지었습니다. 한국의 빨리빨리 문화에 익숙해 있어서 그랬던 모양입니다. 속성반, 단기완성반 등 짧은 시간에 과정을 마스터하는 프로그램들이 차고 넘치는 한국 문화에 길들여져 살다 보면 가급적 적은 시간을 투자해 최대한 많은 결과를 얻고 싶어 하는 게 당연한 일처럼 여겨집니다.

아빠의 역할도 마찬가지인 것 같습니다. 어떤 일을 얼마나 배우면 아빠 노릇을 잘할 수 있을지, 짧은 시간에 좋은 아빠가 되는 방법은 없는지 등등 주변의 많은 분들이 이런 질문을 해옵니다. 결론부터 말하자면 태어날 때부터 좋은 아빠는 없습니다. 좋은 아빠는 만들어질 뿐입니다. 좋은 아빠가 되는 길은 많이 배우고, 많은 시행착오를 겪으며 쉼 없이 자신을 향상시킬 때 비로소 가능한 일입니다. 마치 수도자가 득도를 위해 노력과 성찰을 반복하는 것과 같은 엄숙한 도정道程 입니다.

몇년 전 평화방송에서 펴낸 『추기경 김수환 이야기』라는 책에 실려 있던 금연에 관한 이야기가 기억납니다.

책의 서두에 100% 금연에 성공하는 방법을 일러주겠노라고 해서 엄청난 호기심을 갖고 읽었습니다. 추기경은 젊은 시절 지독하게 담배를 많이 피웠는데, 언제부터인가 건강도 그렇고 담배에 심리적으로 의존하는 게 싫어서 아예 끊기로 마음을 먹었답니다. 하지만 여러 가지 방법으로 금연을 시도해도 허약한 마음 때문에 번번이 실패를 경험하며 패배감과 좌절감을 맛봐야만 했답니다. 마지막으로 그가 선택한 방법, 그리고 성공한 방법을 소개했습니다. "그냥 끊는 것이다."

무슨 획기적인 비법이 있는 것은 아닐까 궁금했던 터라 좀 실망스럽긴 했습니다만, 한편으로는 지극히 맞는 말이라는 생각이 들었습니다. 금연에 번번이 실패하는 이유는 단 한 가지입니다. 담배를 끊겠다는 절실함이 부족해서입니다. 금연에 성공하는 방법은 그냥 안 피우기로 마음먹고 실천하면 되는 것입니다. 모든 일에는 방법도 중요하지만 그보다 중요한 가치의 핵심은 '실천의 문제'입니다. 무엇을 하기로 했다면, 그렇게 하면 되는 것입니다.

좋은 아빠가 되는 방법 또한 마찬가지입니다. 수많은 종류의 육아 전문 서적이 범람하는 가운데 책들은 저마다 아이의 지성과 감성을 키우는 다양한 방법을 소개합니다. 하지만 그런 책들은 모두 길잡이 역할을 해줄 뿐이지 실질적인 행동을 도와주지는 않습니다. 아이디어가 없어서, 양육법을 잘 몰라서 아빠 노릇을 잘하지 못하는 것이라고는 생각하지 않습니다. 다만 실천하지 않기 때문에 좋은 아빠가 되지 못하는 것입니다.

아이의 마음을 잘 읽고 이해하는 아빠가 되고 싶다면 먼저 본인의 마음을 열면 됩니다. 아이와 친해지고 싶다면 함께 부대끼며 놀면 됩니다. 아이와 갈등이 있다면 한 발 뒤로 물러나 아이의 입장이 되어 보면 됩니다. 이 모든 것을 말로 하기란 쉽습니다. 실천이 어려울 뿐입니다.

TIP 2
양육의 기준에 얽매일 필요는 없다

미국의 필라델피아 시청 건물 제일 높은 곳에는 윌리엄 펜William Penn 의 동상이 서 있습니다. 윌리엄 펜은 1644년 영국 대영주의 아들로 태어나 미국 식민지 개척에 앞장섰던 사람 중 한 명입니다. 그는 필라델피아를 포함한 펜실베이니아 주와 델라웨어 주를 개척한 사람으로, 1681년 자신의 아버지에게 빚을 진 영국 국왕 찰스2세로부터 그 대가로 어마어마한 땅을 하사받았습니다. 하지만 그 땅들은 대부분이 불모지나 다름없었습니다. 하지만 그는 펜실베이니아와 델라웨어 주를 개척하고 법령과 제도를 정비해 주정부의 면모를 갖추는 데 혁혁한 공을 세웠습니다. 한마디로 펜실베이니아 주의 세종대왕이라고 할 수 있습니다. 그가 죽은 지 300년이 다 되었음에도 사람들은 여전히 그를 펜실베이니아, 특히 필라델피아의 위대한 선구자로 추앙하고 있습니다. 그의 이름을 딴 대학 '윌리엄 펜 대학교William Penn University' 와 재단인 '윌리엄 펜 재단William Penn Foundation'이 운영되고 있을 정도로 그의 후손들은 펜실베이니아 주에서 여전히 막강한 영향력을 행사하고 있습니다.

한편 시청 건물 제일 높은 곳에 자리한 그의 동상은 1901년부터 1908년까지 7년간의 공사를 거쳐 완공되었는데, 1932년까지 이 건축물은 세계에서 가장 높은 단일 동상이었습니다. 높이가 무려 167m나 되어 필라델피아 시내 동서남북 어디에서도 잘 보이도록 설계되었는데, 1987년까지 필라델피아 시내 모든 빌딩의 시공은 이 동상의 높이를 넘지 않아야만 허가를 해주었습니다. 이 규정은 '신사협정 Gentleman's Agreement'이라는 법조문에 의한 것이었습니다.

그 옛날 콜럼버스가 처음으로 델라웨어 강을 타고 미국 땅에 발을 디딘 곳이 필라델피아였습니다. 필라델피아는 과거 남북전쟁 당시 북군의 최대 거점이자 주둔지였고, 독립선언문이 발표되었으며, 1790년부터 1800년까지 10년간 미국의 수도였을 정도로 유서 깊은 곳이었습니다. 또한 미국 동부에 공급되는 석유의 3분의 2를 공급할 만큼 정유 산업이 발달해서 미국의 심장이 될 가능성이 무궁무진한 도시였습니다. 하지만 불행하게도 지금은 미국에서 쇠퇴하는 도시 중 하나로 취급되고 있습니다. 과거의 훌륭한 역사, 정치, 경제적 유산을 계승하고 발전시키는 데 실패했기 때문입니다. 보수적 성향의 까다로운 법령과 변화와 개혁에 앞장선 리더들이 기존의 보수 세력의 저항에 굴복한 결과입니다. 단적인 예가 윌리엄 펜의 동상입니다. 시정부의 엄격하고 까다로운 기준 때문에 많은 사업 투자자들이 필라델피아에 투자하기를 기피하고 결국 가까운 뉴욕이나 투자 환경이 좋은 다른 도시로 연고지를 옮겨 떠나갔습니다. 과거의 영웅을 기념

하기 위한 법령이 필라델피아의 발전을 저해하는 걸림돌이 되어버린 것입니다. 지금은 그 동상보다 높은 건물이 여덟 개 정도 있습니다.

　자녀 양육의 경우도 마찬가지입니다. 부모가 일방적으로 양육의 원칙과 기준을 정한 뒤 아이들에게 이를 따르도록 강요하는 경우가 많습니다. 동의하기 힘든 원칙을 강요당할 때 아이들의 반감은 커지고 부모-자녀와의 관계에도 갈등이 생기기 쉽습니다.

　2000년 유치원 교사 시절의 이야기입니다. 작은 규모의 교실에서 37명의 아이들이 일정한 규칙 없이 생활하다 보니 교실은 이내 난장판이 되기 일쑤였습니다. 그래서 아이들 스스로 직접 규칙을 만들고 지킬 수 있도록 했습니다. 아이들은 교실에서 뛰지 않기, 또 실내화를 신고 러그Rug에 올라가지 않기, 자신이 읽은 동화책이나 사용한 물건은 제자리에 갖다 두기 등을 약속했습니다. 하지만 아이들 스스로 동의해서 만든 규칙이라 하더라도 쉽게 까먹거나 자신이 꼭 지켜야 할 필요를 느끼지 못하면 그 원칙은 이내 무너지고 맙니다. 분명히 실내화를 신고 러그에 올라가지 않기로 약속했지만, 뛰고 장난을 치다보면 아이들은 언제 그랬느냐는 듯 다시 러그에 올라가 있습니다. 아무리 주의를 주어도 에너지가 넘치는 여섯 살 아이들을 뛰어다니지 않게 하기란 거의 불가능한 일이었습니다. 하루는 점심을 배식하는데 남자아이 한 명이 이리저리 뛰어다니다 뜨거운 미역국 통에 빠져 그만 화상을 입었습니다. 아이를 급히 병원으로 옮겼으나 화상의 정도는 꽤 심각했고 그나마 얼굴을 데이지 않은 게 천만다행이다 싶었습니다.

유치원으로 돌아와 빈 교실에 앉아 곰곰이 생각했습니다. 원활한 공동생활을 위해 아이들과 교사가 함께 만든 규칙, 하지만 아이들의 넘치는 에너지와 자기조절 능력이 부족해서 잘 지켜지지 않는 규칙, 아이들의 안전과 효율적인 학급 운영을 위해 반드시 필요한 기준에 대해 생각하고 또 생각했습니다. 그 다음 날, 우리는 쉬는 시간을 이용해 러그를 아예 걷어버렸습니다. 둘둘 말아 구석에 밀어놓으니 아이들도 편하고 저도 편해졌습니다.

시간이 지나 제가 두 아이의 아빠가 되고나니 유치원 교사 시절의 경험이 도움이 될 때가 많습니다. 한 번은 세 살 먹은 큰아이가 만 한 살이 안 된 작은아이가 졸졸 따라다니며 귀찮게 하자 "저리 가!" 하며 걸음걸이도 시원찮은 동생을 밀쳐버렸습니다. 그러자 작은아이가 뒤로 쿵하고 넘어져 그만 피아노 다리에 머리를 부딪치고 말았습니다. 아이가 자지러지게 울자 이를 본 아내가 큰소리로 "동생은 어리고 약하니까 조심스럽게 대해야 한다고 말했지? 빨리 미안하다고 사과해!"라며 큰아이를 다그쳤습니다. 그것이 엄마가 큰아이에게 일러준 '잘못이나 실수를 했을 때는 사과를 해야 하는' 일종의 룰이었습니다. 그런데 큰아이가 눈물을 글썽이며 "싫어!"라고 말하는 것이었습니다. 큰아이 역시 적잖이 놀랐고 그 상황이 몹시 당황스러웠던 모양입니다. 거기다 저까지 아이의 잘못을 나무라는 것은 적절하지 않은 것 같아 잠시 분위기를 환기시켰습니다. 울고 있는 작은아이의 머리를 살펴보고는 아내에게 달래도록 한 뒤 저는 큰아이를 욕실로 데리고 가서 함께 목욕을 했습니다. 아이가 좋아하는 장난감 오리와

배를 띄워놓고 즐겁게 목욕을 마쳤습니다. 아이의 몸에 로션을 발라주고 면봉으로 귀도 깨끗하게 정리해주었습니다. 잠옷으로 갈아입힌 뒤 엄마와 동생에게 잘 자라는 인사를 하겠느냐고 물었습니다. 그리고 엄마와 동생을 차례로 안아주는 아이에게 "아까 동생이 진하 때문에 아야 해서 많이 울었는데, 지금 미안하다고 이야기할래요?"라고 물어보았습니다. 그제야 자신의 행동을 다시 생각해보더니 아이는 동생을 안아주며 "미안해"라고 말하더군요.

아이든 어른이든 상황이 잘못 전개되면 육감적으로 그 상황을 캐치하는 능력이 있습니다. 그것을 상황적 사고 기술 Situational Thinking Skills이라고 합니다. 아이 스스로 무언가 잘못된 말과 행동을 했을 때는 아이가 먼저 알아차립니다. 하지만 대개의 부모들은 자신들의 양육 기준과 잣대를 들이대며 "잘못했어, 안 했어? 그렇게 하지 말라고 아빠가 그랬어, 안 그랬어? 맴매 좀 맞을래?"라며 다그치기 일쑤입니다. 그렇게 아이를 궁지로 몰아붙이는 부모들을 보면, 잘못을 한 아이보다 막다른 골목으로 아이를 몰아붙이는 부모에게 더 문제가 있어 보입니다.

아이들을 양육하고 가르치는 데는 반드시 기준이 있어야 합니다. 하지만 그 기준에 얽매이면 많은 크고 작은 가치들을 놓치고 맙니다. 좀 더 여유 있게 양육의 기준에 대해 생각해봐야 할 것입니다. 그리고 그 기준은 실제 상황에서 아이들을 대할 때 유연하게, 그리고 탄력적으로 적용할 수 있는 것이라야 하지 않을까요.

아빠습관 **3**

아빠는 위대한 미래학자

아이의 미래에 대해 생각하고 계획하기 위해서는 멀리 보는 훈련이 필요합니다. 대개 아빠들은 엄마와 달리 교육의 시류나 방법에 휘말리지 않는 나름의 고집이 있습니다. 아빠와 아이가 동의하고 공유하는 목적이 있다면 그것은 곧 아이의 인생을 성공적으로 이끌 것입니다. 올바른 격려를 통해 아이의 가능성을 발견하는 위대한 미래학자가 되어보세요.

멀리 보는 훈련이
필요하다

당신의 아이가 어떤 사람으로 자라나기를 원하십니까? 대부분의 부모라면 누구나 자신의 아이가 건강하고 튼튼하게 자라 훗날 원하는 일을 하고 자신의 분야에서 능력을 인정받으며 행복하게 살기를 바랄 것입니다. 뿐만 아니라 이 땅의 모든 부모들은 자녀들이 자신보다 더 나은 삶을 살기를 희망합니다.

하지만 부모의 이런 바람과 달리 아이들이 살아가는 현실은 그리 녹록하지 않습니다. 그래서인지 꿈이 없는 아이, 자신이 하고 싶은 게 무엇인지 모르는 아이들을 주변에서 쉽게 만날 수 있습니다. 학업 성적이 아이들의 미래를 결정짓는 가장 중요한 요인이라고 믿는 학부모들과 이를 부추기는 현 교육제도의 탓이 클 것입니다. 또한 가정에서 부모가 아이들의 미래를 위해 제 역할과 노력을 다하는지도 배제할 수 없는 요인 중 하나입니다. 아이에게 어떤 꿈을 심어주고 어떤 미래를 보여줄지는 부모의 역할, 특히 아빠의 역할에 따라 다를 수밖에 없습니다. 아빠가 간장 종지 같이 작은 삶에 만족하며 사는데, 훗날 아이가 대접 같이 큰 그릇의 삶을 살기란 어려운 일입니다. 자녀를 대접으로 키울 것인지, 간장 종지로 만들 것인지는 아빠의 영향이 절대적이라는 점을 다시 한 번 유념해야 합니다.

제가 교사로 있던 한 유치원은 방과 후 활동이나 행사가 많기로 유명한 곳이었습니다. 봄에는 하모니카를 잘 부는 아이들을 데리고 세계 하모니카 연주 대회에 나간 적도 있습니다. 가을에는 롤러스케이트 대회를 했고, 연말에는 근처 구청의 멋진 홀에서 음악회를 열었습니다. 아이들에게 합창을 가르치고 리코더를 연주할 수 있도록 지도하던 기억이 지금도 생생합니다. 봄에는 어머니들이, 가을에는 아버지들이 참여하는 수업을 진행했고, 경복궁과 항공대학교, 박물관과 도서관, 소방서와 경찰서 등에 정기적으로 견학도 나갔으며, 가까운 농장에 나가 땀 흘리는 체험 활동도 했습니다.

이런 다양한 프로그램을 진행하는 유치원을 향한 외부 시선은 반반씩 갈렸습니다. 어린아이들이 소화하기에 너무 많은 프로그램을 제공하는 게 아니냐는 견해와 결국 유치원 홍보를 위한 전시용 프로그램이 아니냐는 곱지 않은 시선도 있었고, 여러 프로그램을 통해 아이들에게 다양한 경험을 하게 해주어 매우 좋다며 긍정적으로 지지하는 그룹도 있었습니다.

저도 처음에는 유치원이 재능 학원의 기능을 하는 것 같아 좋아 보이지 않았습니다. 하지만 실제로 수업에 참여하면서 생각이 달라졌습니다. 유아기의 다양한 경험을 통해 아이들이 자신이 가진 장점을 찾게 되는 것을 보면서 유아기의 아이들에게는 많이 보여주고 무엇이든 시도해볼 수 있는 풍부한 기회를 주어야 한다는 생각이 들었습니다.

아이들은 노래 부르기, 악기 연주하기, 그림 그리기, 만들기, 블록과 퍼즐 놀이, 컴퓨터 활동, 스포츠 활동, 식물 기르기, 동물 기르기, 책 읽기, 숫자 놀이, 도형 놀이 등의 다양한 체험을 통해 자신만의 숨은 재능을 발견하게 됩니다. 아이들이 이처럼 새로운 영역에 도전하고 맘껏 즐길 수 있도록 기회를 제공하고 격려하는 일이 바로 부모의 역할입니다.

몽골 사람들은 시력이 좋기로 유명합니다. 오랫동안 넓은 초원과 사막에서 생활해오다 보니 생존을 위해서라도 시력이 향상될 수밖에 없었을 것입니다. 조상 대대로 계절의 변화에 따라 식구와 가축들을 데리고 지역과 지역을 옮겨 다니며 생활해야 하고, 외부의 침입을 막기 위해서라도 경계를 철저히 해야 하므로 항상 멀리 보아야만 했을 것입니다. 멀리 보아야 멀리 갈 수 있습니다. 멀리 보아야 위험을 예견하고 대비하고 맞서 싸울 수 있습니다. 이는 멀리 보는 아버지들이 아이들의 미래를 더 잘 준비하고, 아이들이 겪게 될 위험의 순간에 꼭 필요한 도움을 줄 수 있는 것과 같습니다.

우리는 흔히 시간을 과거와 현재 그리고 미래로 나눕니다. 과거는 이미 지나간 시간을 말하고, 현재는 지금 우리가 살아가는 시간과 공간, 그리고 미래는 앞으로 다가올 시간을 말합니다. 하지만 '현재'라는 시간은 우리가 물리적으로 규정하는 것일 뿐, 지금도 쉼 없이 흘러가고 있으므로 어쩌면 '현재'는 미래보다 과거에 더 가까운 개념이 아닐까 생각합니다. 그래서 특히 가정의 구심점인 아빠들에게는 과거보다는 현재에 더 많은 관심을 갖는 것, 또 현재보다는 미래를 준비하고 구상하는 일이 훨씬 더 중요해 보입니다.

실례로 많은 '아버지 참여 연구' 도구 중엔 좋은 아빠의 구성 요건으로 '아이와 가정의 미래를 계획하고 준비하고 있는가?'라는 질문 항목이 있습니다. 인생의 타임 테이블을 만들고 시기별로 아빠 스스로의 목표와 가정의 연대별 목표를 설정하는 게 중요합니다. 세세한 계획까지는 아니더라도 큰 로드맵을 그려봄으로써 지금 현재 어디에서 무엇을 하고 있어야 하는지 자각할 필요가 있습니다. 이를 통해 지금 나와 가정 그리고 아이들이 직면한 문제를 풀어나갈 수 있는 지혜를 배우고, 닥쳐올 미래의 일들을 예상하며 달성해야 할 목표들을 인생의 큰 흐름 속에서 마주할 수 있게 됩니다.

최근 한 동료 교수가 자신의 두 아들을 위해 좋은 학교가 있는 안전하고 조용한 동네로 이사를 했습니다. 그가 은퇴하기까지 20년 동안의 장기계획을 세워놓은 것을 보고 감탄하지 않을 수 없었습니다. 그 기간은 그의 자녀들이 대학교를 졸업할 때까지의 시간이기도 합니다. 특히 그는 아이들에게 공부 외에 시기별로 가르쳐야 할 운동 종목에 집중했습니다. 큰아들이 열 살, 둘째가 여덟 살인데 지금은 유소년 축구 클럽에서 주말마다 운동을 하고 있다고 했습니다. 수영, 테니스, 농구, 야구 등 여러 종목의 운동을 나이에 맞게 한 가지씩 경험하도록 하는 것입니다. 뿐만 아니라 화상을 통해 음대 교수에게 첼로와 피아노 레슨을 받고 있다고 하기에, 저는 아이들이 힘들어하거나 지겨워하지 않느냐고 물었습니다. 그러자 그는 "우리 세대는 공부만 잘하면 인생을 성공한 걸로 생각하며 살았지만, 나는 두 아이가 공부 외에 여러 가지 활동을 경험하도록 해주고 싶어요. 아이들이 좋아하는 걸 할 수 있도록 나는 선택의 다양한 스펙트럼을 제공할 뿐이죠"라고 말하더군요. 그러고는 이렇게 덧붙였습니다. "아이들이 원하지 않는 걸 강요할 생각은 절대 없습니다. 다행인 것은 두 아이 모두 나와 솔직하게 이야기를 나누는 편입니다. 아빠가 아이들의 말을 잘 들어주고 의견을 존중해주어서 그런 게 아닌가 생각합니다. 언젠가는 아이들이 나를 떠나 독립할 때가 올 겁니다. 어쩌면 더 이상 나를 필요로 하지 않을 수도 있겠죠. 하지만 그게 두렵거나 하진 않아요. 그전까지 아빠로서 최선을 다해 아이들을 지켜주고, 그들이 가고 싶은 길을 갈 수 있도록 길잡이 역할을 하는 게 나의 임무라고 생각하니까요."

동료의 말을 듣고는, 그가 참 훌륭한 아빠라는 생각이 들었습니다. 아이의 미래에 대해 생각하고 계획하기 위해서는 멀리 볼 줄 아는 훈련이 필요합니다. 꼭 물질적인 지원만이 필요한 것은 아닙니다. 수시로 아이의 10년 후, 20년 후, 30년 후를 상상해보며 아이의 미래를 위해 지금 무엇을 해야 할지 생각해보는 시간을 가져보는 것은 어떨까요.

아빠의 격려가
아이의 자신감을 높인다

아이가 올바른 방향으로 나아갈 때 이를 충분히 격려하고 지지하는 것은 부모의 당연한 역할입니다. 하지만 어떤 식으로 아이를 격려해야 하는지 그 원칙과 방법을 아는 부모들은 그리 많지 않은 듯합니다. 아이의 미래를 위해 부모는 어떤 방법으로 아이를 격려해야 할까요?

아빠의 격려보다 아이들의 자신감을 배가할 수 있는 좋은 보약은 없다고 생각합니다. 아빠의 격려는 아이들에게 강한 동기부여를 제공하고 이는 다시 아이들의 자신감을 성장시키는 것으로 이어집니다. 그렇다면 아이의 성공적인 미래를 위해 실제적으로 아빠가 어떻게 접근해야 할지 알아보겠습니다.

신생아기에는 부모와 신뢰감을 형성하는 데 아이의 발달 목표가 집중됩니다. 이때 부모와의 신뢰감을 성공적으로 형성한 아이는 서서히 부모의 울타리를 벗어나려는 시도를 합니다. 걸음마 단계 초기

(12~36개월 전후)의 자율성이 바로 그것입니다. 가끔씩 이 시기의 아이를 둔 부모들은 아이가 무턱대고 고집을 부린다고 생각해 이때 아이의 고집을 꺾어놓지 않으면 나중에 버릇없고 천방지축인 아이로 성장하지 않을까 걱정합니다. 또 어떤 부모들은 아이의 고집에 질질 끌려 다니기도 합니다. "그래, 그래! 오냐, 오냐!" 하며 아이의 응석을 다 받아주는 것이지요. 이런 부류의 부모들은 아이들이 식당이나 공공장소 등에서 눈살을 찌푸릴 만큼 예의 없게 행동해도 침묵하거나 무작정 보상으로 아이를 어르고 달래 그 상황을 무마하려는 경우가 흔합니다. 결론부터 말하자면 위의 두 사례 모두 올바른 자녀 양육의 접근법이 아닙니다.

고집과 의지, 자율성이 아이 안에 건강하게 자리 잡지 않으면 아이는 성숙한 사회 구성원으로서 자신의 역할을 해내기가 쉽지 않습니다. 양날의 검처럼 아이의 자율성을 과도하게 누르고 억제하면 수동적이고 내성적인 아이로 성장하고, 이를 방임하면 행동 조절이 안 되는 무절제한 사람으로 성장하게 됩니다.

강의를 하면서 부모와 교사의 격려에 대해 가르칠 때 곧잘 인용하는 비유가 있습니다. 세계에서 가장 높다는 에베레스트 산을 오르기에 앞서 등반가들은 안전하고 지형적으로 유리한 곳에 베이스캠프를 칩니다. 그리고 날씨와 주변 상황을 고려해 정상을 공략할 날짜와 시간을 정합니다. 베이스캠프에는 통신 장비와 식량, 물품이 준비되어 있고 응급치료사도 대기하고 있습니다. 등반가가 정상을 오르는 데 실패하거나 조난과 부상 등의 위험한 상황에 처했을 때를 대비해

만반의 준비를 하고 있는 것이지요. 자녀 양육에서의 베이스캠프는 바로 부모의 기본적인 신뢰감과 애착이라고 할 수 있습니다. 아이들이 베이스캠프를 떠나는 것은 곧 자율성의 추구로서, 이는 각고의 노력을 통해 자신의 존재감을 찾아 떠나는 여행입니다. 그러므로 베이스캠프는 아이들이 정상을 향해 오르다 실패했을 때 언제든 돌아와 몸과 마음을 추스를 수 있는 휴식처 같은 곳입니다. 그리고 "참 수고 많았구나. 네 나름의 최선을 다했으니 그걸로 만족하렴. 결과에 신경 쓰지 말고 이제 편히 쉬도록 해라. 기회는 또 얼마든지 있으니까, 다음에 다시 도전해보자!"라는 아빠의 격려가 함께한다면 아이들은 새로운 용기와 힘을 얻게 될 것입니다.

여러 아이들이 모여 있는 유치원 교실은 늘 왁자지껄하고 정신이 없게 마련입니다. 이때 아이들이 노는 모습을 자세히 관찰해보면, 모두 한데 어울려 노는 것 같지만 사실 몇몇 부류로 나뉘어 놀고 있음을 확인할 수 있습니다. 벤첼과 애셔Wentzel & Asher는 자신들의 연구에서 교우관계를 통한 아이들의 유형을 크게 다섯 가지로 분류했습니다.

첫째 '인기 있는 아이들Popular Children'은 거의 모든 아이들에게서 주목받고 사랑받는 아이들입니다. 둘째 '평범한 아이들Average Children'은 절반 정도의 친구들로부터 평균적인 관심과 사랑을 받는 아이들이며, 셋째 '무시당하는 아이들Neglected Children'은 친구들로부터 거의 관심과 주목을 받지 못하지만 싫어한다고 배척되지는 않는 아이들입니다. 그리고 넷째 '왕따 혹은 배척당하는 아이들Rejected

Children'은 또래들로부터 관심과 사랑을 받지 못하는 아이들이며, 다섯째 '극과 극의 아이들Controversial Children'은 친구들에게 호감과 비호감의 평가를 동시에 받는 아이들입니다.

유치원 교사로 있던 시절, 우리 반에 있던 한 여자아이는 위의 다섯 가지 분류 중 세 번째인 무시당하는 아이들 중 한 명이었습니다. 몹시 수줍어하고, 말도 잘 못하며, 특별히 뛰어난 재능도 없어서 친구들에게 인기가 없었습니다.

하루는 아이들을 데리고 유치원 지하에 있는 체육실에서 체육 활동을 했습니다. 아이들은 철봉 매달리기도 하고, 평균대 걷기도 하고, 공 던지기 놀이도 했습니다. 그러다 남자아이들의 제안으로 누가 철봉에 오래 매달리는지 시합을 하게 되었습니다. 제가 초시계를 들고 시간을 체크했습니다. 보통 만 5세의 아이들이 철봉에 매달릴 수 있는 시간은 20초를 넘지 못합니다. 그런데 근력이 좋은 남자아이 중 한 명이 40초 가까이를 기록하자 아이들이 박수를 치며 환호했습니다. 그런데 마지막 그룹에 속해 있던 그 여자아이가 2분 동안이나 철봉에 매달리는 놀라운 일이 벌어졌습니다. 그것도 아이들이 이제 그만 내려오라고 해서 내려온 기록이었습니다. 아이들과 저는 눈이 휘둥그레졌습니다. 친구들에게 인기 없는 아이, 주목받지 못하던 아이가 한순간 최고 스타로 등극한 것입니다. 저는 그 아이의 부모에게, 아이가 오래 매달리기 시합에서 1등을 했으니 많이 격려해주면 좋겠다는 내용의 편지를 써 보냈습니다.

그날 이후로 그 아이는 바뀌기 시작했습니다. 자신감을 찾은 아이는 자신의 생각을 곧잘 표현하는가 하면, 주저 없이 발표도 하고, 친구들 앞에서 노래도 부르게 되었습니다. 만약 그 아이가 자신의 남다른 재능을 발휘할 기회를 갖지 못했다면, 그 아이는 반 친구들과 제 기억 속에서 잊히고 마는 이름이 되었을 것입니다.

아빠라면 자녀를 바라볼 때, 머리는 차가워야 하고 가슴은 따뜻할 필요가 있다고 생각합니다. 냉철한 이성으로 자녀들의 지적 수준을 판단하고 그에 적절한 교육법을 찾아야 하기 때문입니다. 엄마 혼자 양육을 책임지던 시절은 지났습니다. 이제는 아빠가 아이들의 미래를 위해 '교육'에 대한 큰 틀을 어떻게 마련할 것인지 진지하게 고민하고 실천해야 하는 때입니다. 아이에게 당장의 보상을 해주기보다는 자립적이고 독립적인 삶을 위해 혼자서도 생존할 수 있도록 격려하는 일이 우선입니다.

오늘날, 특히 한국의 아이들은 타인의 힘이나 주변 환경에 크게 의존한다는 생각이 듭니다. 아이들의 이런 수동적 성향은 유치원부터 대학교에 입학할 때까지 부모와 학교 혹은 학원 선생님이 하라는 대로 하는 주입과 암기 위주의 학습 문화가 빚어낸 결과가 아닐까 합니다.

그래서 아빠의 역할이 더욱 중요한 것이겠지요. 아이들의 행동과 발달을 가까이서 지켜볼 수 있는 사람은 부모입니다. 그중에서도 아빠는 아이들이 자발적으로 생각하고 행동할 수 있도록 사고의 틀을 확장시켜주는 역할을 담당했으면 합니다.

우선 아이들의 생각을 귀담아 듣고, 일리 있다고 판단되면 아이가 원하는 방식대로 문제를 해결할 수 있도록 기회의 창을 열어주는 것입니다. 처음에는 많은 인내와 기다림이 필요합니다. 예를 들어 학교에서 초상화나 풍경화 그리기 숙제를 내주었는데, 정작 아이가 스케치북에 낙서나 하고 있다면 어느 부모가 참견하고 개입하지 않을 수 있겠습니까? 하지만 그렇더라도 아이가 하고 있는 숙제나 공부에 직접 손을 대는 것은 곤란합니다. 왜냐하면 부모가 도와준 숙제를 제출했는데 성적도 잘 받고 선생님과 친구들이 관심을 보이며 칭찬을 해주었다면 아이는 다음에도, 그 다음에도 스스로 숙제를 하기보다 부모의 도움에 의지하려 들 게 빤하기 때문입니다. 당장은 성적도 오르고 칭찬도 받아 아이가 엄청난 자신감을 얻는 것처럼 보일 수 있으나 이는 자라나는 아이에게 하나도 이로울 게 없습니다.

다만 아이가 그림 그리기를 힘들어한다면 미술관에 데려가 전시된 그림들을 보게 하거나, 독서 감상문 쓰기 숙제를 어려워한다면 책의 핵심 키워드는 무엇이고 주제는 무엇인지를 파악할 수 있도록 아이와 함께 책을 읽으며 의견을 교환하는 방식으로 격려하고 지원하는 게 바람직합니다. 아이들이 농구나 야구에 관심을 보이면, 아이 손을 잡고 소풍가듯 경기장을 찾아가는 게 아빠가 할 수 있는 좋은 격려의 수단입니다. 부모의 과보호 아래 자란 아이들은 자기 자신에 대한 신뢰나 유능감이 부족하기 때문에 문제 해결에 직면하면 쉽게 포기하고 쉽게 좌절할 수밖에 없습니다.

인생의 세찬 파도를 경험하지 못한 아이들은 망망대해를 항해할 수 없습니다. 인생의 험한 파도를 넘지 못하면 배는 좌초하고 맙니다. 아이들이 큰 파도를 만나 쓰러지거나 넘어질 때 아빠의 격려를 통해 다시 일어설 수 있으면 참 좋겠습니다.

　아이들이 큰 바다에서 미지의 세계를 개척하는 강한 사람으로 성장하기를 바란다면, 아이들의 무한한 가능성을 믿고 격려하는 아빠가 되어야 합니다.

칭찬은 구체적으로,
꾸중은 격려와 함께

많은 사람들이 아이를 격려하는 방법 중 칭찬을 가장 우선으로 꼽습니다. 하지만 아이가 잘하든 잘못하든 무조건 칭찬해주는 게 효과적이라고 생각하면 오산입니다. 칭찬에도 법칙이 있습니다. 무턱대고 하는 칭찬은 무의미합니다. 칭찬에도 그 시기와 방법이 구별되어야 하며, 구체적으로 어떤 점이 좋았고 어떤 점이 부족했는지를 냉정하게 평가해주어야 이를 받아들이는 아이에게도 긍정의 효과가 있습니다.

상황에 맞지 않거나 무작정 하는 칭찬은 생각처럼 효과적이지 않습니다. 미국 미네소타 대학교의 애론슨Elliot Aronson 교수는 칭찬과 보상에 관해 연구했습니다. 그는 칭찬과 피드백의 범주를 네 가지로 나누어 실험했습니다. 첫째는 계속적인 칭찬, 둘째는 계속적인 비판, 셋째는 비평으로 시작해서 격려와 칭찬으로 마무리, 넷째는 칭찬으로 시작해서 비판으로 마무리입니다. 이렇게 네 가지 프레임을 만들어놓고 이 모두를 경험한 피험자들을 대상으로 호감도와 칭찬과 피드백을 통한 행동 수정 효과에 대해 연구했습니다.

조사 결과, 피험자들은 비판과 칭찬, 격려가 구체적으로 제공된 피드백을 가장 선호한다고 답했습니다. 칭찬과 비판 일색의 피드백은 학습자들에게 전혀 공감을 얻지 못하며, 칭찬을 하더라도 구체적이어야 하고, 비판을 하더라도 정확한 지적과 대안이 있어야 한다는 것입니다.

더구나 계속해서 반복되는 칭찬은 처음에는 기분이 좋을지 모르지만 횟수가 거듭될수록 신뢰감이 떨어지게 마련입니다. 부모가 아이들의 행동에 관계없이 무분별하게 칭찬과 격려를 제공하면 아이들은 이를 으레 하는 습관적인 말이라고 생각합니다. 그렇다고 무턱대고 잘못된 점을 신랄하게 비판하는 것 또한 아이들에게는 상처가 될 수 있습니다. 잘한 점은 잘했다고 칭찬하고, 부족한 부분은 잘 수정할 수 있도록 격려하는 게 바람직합니다.

얼마 전 한 학생이 제 연구실로 찾아왔습니다. 자신의 기말 과제 성적이 10점 만점에 8점이라며, 한마디로 따지러 온 것입니다. 최선을 다했다고 생각했는데 성적이 자신의 기대에 못 미쳤던 모양입니다. 저는 우선 과제를 하느라 수고했고, 내용도 재미있고 흥미로운 주제여서 시간가는 줄 모르게 읽었다고 말해주었습니다. 주제가 '10대 미혼모의 양육과 어려움'에 관한 것이었는데, 사실 흥미로운 부분이 꽤 많았습니다. 하지만 아쉬운 점도 조금 있었지요. 그래서 "제출한 과제를 읽다 보니 이론적인 배경이나 인용과 참고문헌이 좀 부족하게 느껴졌고, 무엇보다 결론과 제언 부분에서 글쓴이의 의견이나 한부모 가정에서 자라는 아이들을 위한 교사로서의 제안점이 좀 부족하다고 생각한다. 하지만 이런 부분만 조금 수정한다면 좋은 글이 될 것 같다"라고 피드백을 주었습니다. 그런 뒤 제가 손으로 직접 꼼꼼히 체크한 과제물을 건네주었더니 고개를 끄덕이며 씩씩하게 인사를 하고 나가더군요.

칭찬과 격려는 어느 한쪽으로만 치우치기보다는 적절히 균형이 맞아야 합니다. 또 이해관계가 있을 땐 오히려 칭찬이 어색할 수도 있습니다. 아무리 선의를 가지고 한 칭찬이라도 이해관계로 인해 의도치 않게 동기를 의심을 받을 수 있기 때문입니다. 하지만 부모와 자식 간에는 이해관계가 존재하지 않지요. "아빠는 왜 나를 사랑하실까요?"라는 질문에 한 아이가 "그러게 말입니다"라고 답해 인터넷상에서 사람들에게 웃음을 준 이야기가 있습니다. 어쩌면 이 아이의 대답이 정답인지도 모릅니다. 부모의 사랑에는 조건이 없습니다. 부모는 아이가 태어나는 순간 무조건 사랑하도록 프로그램이 입력되어 있는 것이 아닐까 합니다.

하지만 칭찬은 그래서는 안 됩니다. 아이가 어떤 잘못된 행동을 해도 이해하고 받아들이는 게 아니라, 아이가 잘했을 때는 칭찬으로 격려하고 잘못했을 때는 꾸지람으로 나무랄 수 있어야 합니다. 부모들이 쉽게 빠지는 함정 중 하나가 누군가 자신의 아이에 대해 칭찬하면 120% 믿어버린다는 점입니다. 다시 말해 자신의 아이를 칭찬하는 사람에게는 간이라도 빼어주고픈 마음이 되는 것이지요. 따라서 자신의 자녀를 바라볼 때는 적당한 거리를 두고 관망할 필요가 있습니다. 전후좌우를 따져볼 필요가 있다는 뜻입니다. 사람들은 외부로 드러난 모습에 대한 칭찬보다 내용이나 결과물에 대한 자세한 칭찬을 더 좋아합니다. 예를 들어 세 살 먹은 아이에게 칭찬할 때는 "오늘 엄마 말을 잘 들어서 고마워요"라고 말하기보다는, "오늘 동생에게 장난감도 갖고 놀게 해주고, 또 동생이 넘어졌을 때 뛰어가 일으켜주어서 정말 감동했어요. 고마워요"라고 말해야 아이가 더 큰 칭찬으로 느낀다는 것입니다.

언젠가 혼자서 아주 밥을 잘 먹는 아들이 몹시 기특하고 사랑스러워 "아빠는 진하가 아빠 아들이어서 너무 좋아요"라고 했더니 놀랍게도 아들이 "저도 아빠 아들이어서 너무 좋아요"라고 대답하더군요. 칭찬은 상대방이 가진 장점이나 좋은 결과만을 높이 평가하는 데 국한되지 않습니다. 그때그때 자신의 느낌을 솔직하게 전달하면 그 또한 좋은 칭찬이 됩니다.

칭찬에는 상대방을 긍정적으로 바라보게 하는 힘이 있습니다. 상대가 좋아 보이면, 상대방이 하는 일이나 하고자 하는 일이 모두 좋아 보이기 마련입니다. 상대방에게 좋은 감정을 가지고 있다면 진심을 담는 일이 중요합니다. 남들이 으레 하는 칭찬이 아니라 진심으로 깊은 애정과 관심을 가지고 있고 그가 하는 일에 대해서도 항상 호의적으로 생각하고 있음을 드러내는 게 바람직한 칭찬 방법이 아닐까 합니다.

아빠만이 해줄 수 있는 역할

여러분은 어떤 연애의 추억을 가지고 계신가요? 그리고 어떻게 그 사랑의 결실을 맺게 되었나요? 계획과 시나리오에 따라 사랑을 고백한 분도 있을 테고, 돌발적이고 우연하며 솔직한 고백이 상대의 마음을 흔들어놓은 경우도 있을 것입니다. 그렇다면 이 두 가지의 경우 중 어느 쪽을 경험한 사람들이 더 많을까요?

저는 전자의 경우였습니다. 아내를 처음 만났을 때 결혼이라는 분명한 목표를 가지고 있었습니다. 실제로 교제한 시간이 그리 길지 않았지만 저는 자연스럽고 당연하게 결혼 이야기를 꺼냈고, 아내 역시 별 거부감 없이 제 생각을 받아주었습니다. 아내를 만난 지 두 달 정도 되었을 무렵 이미 저는 아내와 결혼해 몇 명의 아이를 낳고 그 아이들을 어떻게 양육할지에 대한 밑그림을 그리고 있던 터였습니다. 미래의 목적이 분명하고 확실한 목표 의식만 가지고 있으면 그것을 실행할 방법은 자연스레 따라오기 마련입니다.

제가 유아교육학과에 지원하겠노라고 말했을 때, 고등학교 담임 선생님은 물론 집안 식구들까지도 저를 이상한 눈으로 보았지요. 왜 남자가 하필이면 여자들이 주를 이루는 유아교육학과에 가겠다는 것인지 의아해했습니다. 어머니는 제가 대학교에 입학하자, 이참에 아예 치마 입고 머리도 길러서 묶고 다니는 게 어떻겠냐고 우스갯소리를 하시더군요. 고등학교 때까지 다소 거칠고 남자다워 보였던 제 모습과는 판이한 선택이었기에 더더욱 그랬을 것입니다. 하지만 저는 남들이 가지 않는 길을 가고 싶었고, 그 선택이 잘못되지 않았다는 것을 몸소 증명해 보이고 싶었습니다. 대학교에 입학하면서 작성한 신상기록부의 장래 희망란에 대학 교수라고 썼습니다. 그러자 동기들을 비롯해 많은 친구들이 비웃었지요.

유아교육학을 전공하면서 이전에 제가 살았던 삶의 모습과는 사뭇 다른 문화적 충격을 받았던 게 사실입니다. 그래서 2학년 때는 학생회나 동아리 활동을 통해 학과 적응의 어려움을 극복하려고 부단히 노력했습니다. 하지만 군대를 갔다 오자 힘들고 외로운 상황은 더 많아졌습니다. 복학을 한 뒤 간혹 후배들에게 조언도 하고 야단을 치기도 했는데, 후배들은 그런 저의 행동을 곱지 않은 시선으로 받아들였습니다. 설상가상으로 기말 성적표를 받아보니 3학년 총 30명 중 28등이었습니다. 석차가 공개되던 시절이었지요. 잘난 체하고 거들먹거리더니 꼴좋다는 식의 후배들의 뒷담화가 제 귀에까지 전해졌습니다. 그때의 충격으로 한동안 전공을 포기할까 진지하게 고민하기도 했습니다.

그러다 문득 내가 왜 유아교육학을 전공하기로 결심했는지, 어떤 꿈을 가지고 이곳에 왔는지 생각하게 되었고 저는 다시 초심을 되찾았습니다. 그리고 결국 유아교육학과 교수가 되었습니다. 23년 전 신상기록부에 썼던 장래 희망을 이룬 셈입니다. 분명하고 뚜렷한 목적이 있었기에 가능한 시나리오였지요. 목적이 이끌어준 삶이었습니다.

인생의 목적에 관한 한 아빠는 전문가입니다. 아빠에게는 지난 시간을 돌아보는 능력Retrospection과 내면을 성찰하는 능력Introspection, 그리고 미래를 바라보는 능력Prospection이 있기 때문입니다. 이는 '아버지 연구자'들의 공통된 견해입니다. 또 대개의 아빠들은 엄마들과 달리 교육의 시류나 방법에 휘말리지 않는 나름의 고집을 가지고 있습니다. 내 아이에 대해, 또 무엇을 해야 행복한 삶을 살 수 있는지 잘 알고 있는 아빠들은 일시적인 변화에 크게 흔들리지 않습니다. 다만 아이가 하고 싶은 일과 아버지 자신이 바라는 삶 사이에서 조금 갈등할 뿐입니다.

바로 여기에 아빠만이 해줄 수 있는 역할이 있습니다. 아빠 자신의 바람을 버리고 아이가 진정으로 원하는 것을 할 수 있도록 할 때, 아이는 자신의 미래를 바로 세워 나갈 수 있습니다. 그것이 바로 아빠의 역할입니다. 학교와 회사에서는 개인의 실력이나 능력을 최고의 가치로 평가하지만, 아빠들의 잣대는 끈기와 배짱과 도전 정신을 최고의 가치로 여기기 때문입니다. 아빠와 아이가 동의하고 공유하는 목적이 있다면 그것이 곧 아이의 인생을 성공적으로 이끌 것이라고 확신합니다. 다만 그 목적을 이루기까지는 아이마다 시간차가 존재합니다. 이 또한 부모가 기다리고 참아내야 할 과정입니다.

'아이는 부모의 말대로 움직이지 않는다. 대신 부모가 행동하는 대로 따라할 뿐이다'라는 말이 있습니다. 이는 곧 아빠의 백 마디 말보다 한 번의 행동에 아이들은 더 큰 영향을 받는다는 뜻입니다. 특히 자녀의 양육 문제에 있어서 아빠는 항상 분명한 목적에 따라 움직여야 합니다. 이는 악보 전체를 머릿속에 숙지하고 오케스트라를 이끄는 지휘자의 마음가짐과도 같습니다.

TIP 3

책 읽어주는 아빠가 되자

많은 아빠들이 힘들어하는 것 중 하나가 아이들에게 책을 읽어주는 일이 아닌가 합니다. 이제까지 살아오면서 나 아닌 남을 위해 책을 읽어주는 경험이 거의 없다 보니 더 그럴 것입니다. 또 아이들에게 동화책을 읽어줄 때는 책에 등장하는 캐릭터에 따라 목소리와 톤을 다르게 표현해야 하고 최대한 재미있게 읽어주어야 한다는 생각 때문에 부담이 되기도 합니다. 하지만 아빠가 아이에게 책을 읽어줄 때의 장점은 아주 많습니다.

얼마 전 델라웨어 주립대학교 부속유치원에 아이를 맡긴 아빠들을 대상으로 '미국 아빠들의 양육 참여와 아동 발달'이라는 연구를 진행했습니다. 연구에 참여한 미국 아빠들에게 "당신 아이의 발달과 성장에 무엇이 가장 중요하다고 생각합니까?"라고 질문하자 다수의 아빠들이 "학습 목표 성취"라고 답했습니다. 또 인지 능력, 특히 "아이의 발달 수준에 맞는 지능"이라고 응답한 아빠들도 많았습니다.

이처럼 대부분의 아빠들은 아이들이 밝고 지혜롭게 성장하기를 바랍니다. 이런 이유 때문에 좋은 학군을 찾아 이사를 하고, 아이에게 잘 맞는 학교와 교사들을 찾는 데 많은 시간을 할애하는 것이겠지요. 하지만 이런 외부적인 학습 환경보다 아빠가 함께하는 책 읽기 활동이 아이들의 잠재 능력을 깨우는 데 훨씬 효과적이라는 사실을 잘 인식하고 있는 아빠들은 드문 것 같습니다. 매일매일 정해진 시간에 아이에게 책을 읽어주고, 이야기를 나누고, 아빠의 어린 시절 이야기를 들려줌으로써 아이들은 학교에서 배울 수 없는 산교육을 체험하게 됩니다.

 아빠가 아이에게 책을 읽어주는 데는 다음과 같은 장점이 있습니다.

 첫째, 책 읽기는 아빠와 아이의 관계를 더욱 친밀하게 만듭니다. 대개 아빠와 아이들이 함께하는 놀이는 정적인 활동보다 동적인 활동에 치우쳐 있습니다. 목마를 태워주고, 함께 걷고 뛰고 뒹굴며 야구와 수영을 하고, 자전거를 타는 등의 아빠와의 신체 활동을 아이들은 무척 즐거워합니다. 이런 동적인 상호작용은 신체적 유대감을 높여주는 데 최고입니다. 하지만 아이의 균형 잡힌 발달을 위해서는 정적인 활동 또한 필요합니다. 그 대표적인 활동이 바로 함께 책 읽기입니다. 책 읽기를 통해 아이들은 가까이에서 아빠의 목소리를 들으며 정서적 공유를 시작합니다. 아이와 아빠 간의 이런 정서 공유는 신체적 유대감과 한 축을 이루는 매우 밀도 높은 애착관계의 기본입니다.

둘째, 책 읽기는 언어 발달의 이정표입니다. 언어심리학자 촘스키Noam Chomsky에 따르면 모든 아이들은 태어날 때 언어 습득 장치Language Acquisition Device, LAD가 프로그램화되어 있다고 합니다. 이 언어 습득 장치가 가장 활발하게 기능하는 시기는 영유아기입니다. 그래서 이때 한번 입력된 언어적 경험(단어, 음운, 어순, 억양, 음조, 문법 등)은 아이에게 자연스럽게 습득됩니다. 이런 언어적 경험은 일생을 지배할 만큼 강력한 언어 발달 체계의 기본으로 작용합니다. 이에 따라 아이의 인지 발달(구체적으로 수리, 논리, 과학적 사고 등)이 가능해지고 사회적 상호작용도 원활하게 되는 것입니다. 기억하십시오. 아이의 언어 발달 순서는 듣기, 말하기, 읽기 혹은 쓰기입니다. 그러므로 아빠가 아이에게 책을 읽어주고, 함께 이야기를 나누고, 그리고 아이에게 읽고 쓸 수 있는 기회를 주는 게 당연한 순서입니다.

셋째, 책 읽기는 말하기의 기본입니다. 자신의 생각을 얼마나 잘 표현하느냐는 학업에서의 성공은 물론, 살아가는 데 꼭 필요한 언어적 기술입니다. 세 살짜리 큰아이는 아직 글자를 잘 알지 못하는데도 책을 곧잘 읽습니다. 문장도 제법 잘 구성하고, 이야기의 틀도 만들어 제게 들려주곤 합니다. 함께 침대에 누워 동화책 속의 그림을 펼치고는 글자를 짚어가며 그 상황을 설명해줍니다. 이를 가상 읽기Pretend Reading라고 합니다. 아직 글자는 모르지만 지난 3년간 엄마 아빠가 해주는 이야기를 듣거나 함께 동화책을 보면서 아이 스스로 이야기의 틀을 구성하며 말하는 단계에 도달한 것입니다.

넷째, 책 읽기는 의사소통 능력을 키워줍니다. 아이들은 돌이 지나면서 의미 있는 소리를 내기 시작합니다. 옹알이 단계를 지나 중얼거리기 단계로, 한 단어 문장에서 두 단어 문장 단계로, 그다음 완전한 문장 단계로 발달하기까지 아이의 의사소통 능력은 꾸준히 발달합니다. 책 읽는 과정을 거치며 아이는 자연스럽게 아빠와의 대화를 통해 말문이 트이기 시작합니다. 그러면서 점차 아이는 유치원에서 있었던 일들과 친구들 이야기 등으로 대화의 폭과 깊이를 넓혀갑니다. 아빠 역시 아이와 대화를 나누며 자연스럽게 직장에서 있었던 일들을 이야기하게 되지요. 그 과정 속에서 아빠는 아이의 세계를 좀 더 이해하게 되고, 아이는 아빠의 세계를 조금씩 알아갑니다. 아이가 자신의 감정과 기분을 잘 표현하는 것, 자신이 좋아하는 것과 좋아하지 않는 것을 상대에게 잘 전달하는 능력을 기르는 게 얼마나 중요한지는 여러분도 잘 알 것입니다. 이것이 아이와 함께 책 읽기의 최고 장점이 아닐까 합니다.

다섯째, 다양한 이야기 속에서 다양한 삶의 모습을 경험합니다. 아이들이 읽는 책에는 다양한 인물과 캐릭터가 등장합니다. 아이들은 그 안에서 다양한 사람들을 만납니다. 그 다양한 인물들이 어떻게 말을 하고, 또 감정과 기분을 어떻게 표현하는지 아이들은 주의 깊게 관찰합니다. 또 갈등이나 위기 상황에서 어떤 방식으로 문제를 해결하고 갈등을 해소하는지 그 방법도 배웁니다. 그러면서 주인공의 성공에 환호하기도 하고 실패와 좌절에 슬퍼하기도 합니다. 아이들은 이처럼 이야기의 기승전결을 공감하며 시간의 흐름과 논리 전개도 경험합니다.

동화책 이외에도 동물과 식물, 곤충 등의 사진이 들어 있는 과학동화 등의 책을 접함으로써 아이들은 이제까지 보지 못했던 다양한 동식물의 세계에 눈을 뜹니다. 이런 책 읽기를 통해 아이들은 동식물이 인간의 삶과 어떻게 다르고, 어떻게 태어나서 어떻게 살며 어떻게 사라져 가는지 등 이야기책과는 또 다른 삶과 자연을 배우게 됩니다.

이렇게 책을 통해 접한 것들을 동물원이나 식물원 혹은 공원에서 실제 마주치면 아이들은 더할 나위 없이 반가워하고 기뻐합니다. 그러면서 아이들은 자연스럽게 하늘, 해, 달, 별, 구름, 바람, 비, 공기, 물, 흙 등 자연과 더불어 살아가는 우리 삶의 이치와 조화를 이해하게 됩니다.

에리히 프롬Erich Fromm은, 어느 따스한 봄날 창가 흔들리는 의자에 앉아 책을 읽던 아버지의 행복한 모습이 자신에게 가장 큰 영향을 주었노라고 말합니다. 독일의 심한 핍박을 받는 암울한 전시 상황에서도 책을 읽다가 가끔씩 하늘을 바라보며 행복한 미소를 짓던 아버지의 모습을 그는 평생 잊지 못했습니다. "너는 틀림없이 미래에 훌륭한 사람이 될 것이다. 왜냐하면 너는 영민한 머리를 가졌고, 무엇보다 책을 읽는 좋은 습관을 가졌기 때문이다"라고 말하던 아버지. 에리히 프롬은 아버지의 그 말을 평생 가슴에 품고 살았습니다.

아이들은 본 만큼 말하고, 자신이 경험하고 이해한 만큼 쓸 수 있습니다. 뿌린 만큼 거둔다는 진리는 여기에도 똑같이 적용됩니다. 아빠의 목소리와 아빠가 들려주는 이야기에는 세상의 무엇과도 견줄 수 없는 강한 힘이 숨어 있습니다. 아빠가 읽어주는 동화 속에서 아이는 무한한 상상력과 미래의 꿈을 키워나갑니다. 그것은 아빠가 아이에게 주는 최고의 선물 중 하나입니다.

아빠습관 **4**

거부할 수 없는 아빠의 운명

아빠들은 고민이 많습니다. 바쁜 업무 때문에 가정에 충실할 시간이 없는데, 아내는 가정에 헌신하는 남편을 원하기 때문입니다. 이때 아빠에게 필요한 사랑의 기술은 무엇일까요. 그리고 아이가 잘못된 길을 가려고 할 때, 엄마의 잔소리보다 효과적인 아빠의 묵직한 한 마디는 어떻게 사용해야 할까요.

아빠에게 필요한
사랑의 기술

뻐꾸기는 남의 둥지에 몰래 자기 알을 낳는 것으로 유명합니다. 다른 새의 알들 속에 자신의 알을 슬쩍 밀어 넣고는 아무 일 없다는 듯 홀연히 사라집니다. 다른 알들과 함께 부화한 뻐꾸기 새끼는 다른 새를 자신의 어미로 알고 일생을 살아갑니다. 종종 갓난아기를 버리는 무책임한 부모들의 씁쓸한 뉴스를 접할 때면 이 뻐꾸기 증후군이 떠오릅니다.

비단 뻐꾸기와 같은 경우뿐만 아니라 아버지가 있음에도 정작 아이들의 삶 속에는 아버지가 없는 가정도 많습니다. 있으나 마나한 아빠들이 바로 그들입니다. 미국에서는 이런 경우를 '아빠 없는 가정 Fatherless Family'이라고 부릅니다. 형식적으로 가정과 결혼을 유지하는 존재일 뿐 역할이 없는 아빠를 말합니다. 대개 이런 아빠들은 자유로웠던 싱글 시절을 그리워합니다. 아내와 아이들과 한집에서 살기는 하지만 여전히 결혼 전의 생활 습관을 고수하고 싶어 합니다. 아빠가 되면 예전처럼 하고 싶은 것들을 다하고 살 수 없습니다. 물론 엄마도 마찬가지입니다. 가족을 위해 참아야 하는 일, 양보해야 하는 일들이 끊임없이 생겨납니다. 하지만 삶의 패러다임을 '가족 중심'으로 바꾸면 함께할 수 있는 즐겁고 보람찬 일들이 아주 많습니다.

오랜만에 만난 한 선배가 제게 "결혼하더니 많이 달라졌구나"라고 말하더군요. 칭찬인지 아닌지 좀 헷갈렸습니다. "사람이 한결같아야지……"라는 선배의 말에 칭찬이 아니구나 싶었습니다. 저의 변화가 왠지 못마땅했던 모양입니다. 그 선배의 결혼생활은 그리 행복해 보이지 않았습니다. 아내와의 갈등이 끊이질 않았습니다. 선배는 결혼 전의 생활 습관을 바꾸려 노력하지 않았고, 더군다나 아빠로서의 책임에 소홀했습니다. 결혼 전 그는 늦은 시간까지 술을 마시는 게 일상이었고, 정기적으로 친구들과 모여 도박을 하는가 하면, 골프와 낚시 등의 다양한 취미 활동을 즐겼습니다. 문제는 그 모든 행위들을 결혼 후에도 지속하고 있다는 것이었습니다. 그러면서 아내와 함께하는 활동은 유일하게 잠자리뿐이라며 공공연히 불만을 털어놓았습니다. "마누라랑 나는 취미, 종교, 정치관 뭐 하나 맞는 게 없어. 나는 운동을 좋아하는데 아내는 움직이고 땀 흘리는 걸 싫어해. 술도 잘 못 마셔서 함께 이야기할 기회도 없고, 정치적인 성향도 달라서 항상 선거 때가 되면 서로 입을 닫고 살지. 아이들하고 안 놀아준다고 불평이나 해대고, 음식도 내 입맛에 맞지도 않고……." 그의 불평은 끝이 없습니다.

듣다못해 제가 한마디 던졌습니다. "선배, 직장 동료나 선후배가 아니라 이제는 형수랑 아이들과 함께할 수 있는 활동을 찾아보는 게 어때요? 그러면 두 분 사이에 쌓인 감정들이 좀 해소될 것 같은데요." 하지만 선배는 제 이야기를 듣는 둥 마는 둥, 아무런 대꾸도 없더군요. 아직 그런 이야기를 들을 준비가 되어 있지 않은 모양입니다. 저는 억지웃음을 지어보이며 "선배님은 참 한결같으시네요"라고 말해주었습니다. '한결같다'는 내 말의 의미를 그가 눈치 채길 바라면서 말입니다.

예나 지금이나 '한결같다'는 말은, 바람직한 생활 습관이나 사고방식을 환경의 변화에도 불구하고 대쪽같이 지키며 실천할 때 비로소 칭찬의 의미가 담기는 것입니다. 외부의 압력을 이기지 못해 신념이나 소신을 바꾸는 것은 잘못된 일입니다만, 그릇된 것은 변화를 통해서라도 바로잡으려는 노력이 있어야 인생을 성공적으로 운영할 수 있습니다. 삶의 모습은 주변의 상황과 여건에 맞게 변화되어야 합니다. 어떻게 결혼 전과 이후의 삶이 같을 수 있겠습니까? 어떻게 아빠가 되기 전과 후의 삶이 같을 수 있겠습니까?

저 역시 남편이 되고 아빠가 되면서 삶의 우선순위가 나에게서 가족으로 바뀌었습니다. 그러면서 늘 아내와 아이들과 함께할 수 있는 활동을 찾느라 골몰합니다. 이젠 혼자가 아니라 가족을 이끄는 가장이 되었으니 당연한 일입니다. 수영, 골프, 야구 등 좋아하는 운동도 아이들이 조금 더 크면 아내와 아이들과 함께하려고 잠시 미뤄두고 있습니다.

안타깝게도 이혼이 결혼만큼 흔한 세상이 되었습니다. 인터넷 매체나 연예 프로그램을 통해 전달되는 기사 중 빠지지 않는 게 연예인들의 이혼 소식입니다. 배우자의 사업 실패로 경제적 문제에 휘말리는 경우를 제외하면 대개는 성격 차이로 인한 갈등이 이혼의 주된 이유라고 말합니다. 하지만 수많은 부부들이 성격 차이로 이혼을 결심한다면, 세상에 갈라서지 않을 부부는 한 커플도 없을 것입니다. 표면적으로는 성격 차이라고 말하지만 부부 사이에는 제3자가 알 수 없는 다양한 갈등 유발 요인이 숨어 있기 마련입니다. 예를 들어 배우자의 외도, 자녀 양육, 가사 분담에 대한 불만, 시댁이나 친정 식구와의 불화 등 헤아리기도 쉽지 않습니다.

그렇다면 배우자의 외도는 왜 생겨나는 것일까요? 엘렌 버샤이드Ellen Berscheid를 비롯한 뇌생리학자들은, 우리의 사랑은 뇌의 신경을 자극하는 호르몬에 지배를 받는다고 주장합니다. 성인 남녀가 새로운 이성을 만나고 끌리게 될 때는 도파민Dopamine이 설레는 감정을 유발시킵니다. 도파민은 대뇌를 자극해 쾌快의 감정과 행복감을 느끼게 하고, 사랑의 감정에 몰입하게 하며, 의욕이 샘솟게 하는 역할을 합니다. 이 설렘의 시기를 사랑의 첫 번째 단계인 '흠모적 사랑Affectionate Love' 단계라고 말합니다. 학자에 따라서는 '동반자적 사랑Companionate Love'이라고 말하기도 합니다. 이 시기의 특성은 사랑의 대상에게 점점 더 다가가고 싶고, 좀 더 관계가 깊어지기를 바라며, 상대를 잘 돌봐주고 싶은 마음이 생겨난다는 점입니다. 사랑이 깊어갈수록 상대방에 대한 열망도 커가는 단계인 것입니다.

이 시기가 지나면 이른바 '로맨틱한 사랑Romantic Love'의 단계로 연인관계가 시작되는 때에 접어듭니다. 이 시기는 '열정적 사랑Passionate Love'의 전단계로 잠시도 상대가 눈에 보이지 않으면 이내 그리워지는 때입니다. 그 그리움의 원천은 육체적으로 다가가고 싶은 욕구를 관장하는 페닐에틸아민Phenylethylamine이라는 신경 전달 물질이 영향을 끼치기 때문입니다.

마지막으로 '성애Erotic Love'를 통해 육체적 사랑을 나누는 단계에 이르게 됩니다. 이 시기에는 성적 욕구의 최고점을 찍게 되는데, 공교롭게도 이 감정에는 두려움, 분노, 기쁨, 시기, 질투의 속성이 포함됩니다. 이런 성애의 감정을 관장하는 호르몬이 옥시토신Oxytocin입니다. 신기하게도 이 옥시토신은 마약보다 더 강한 중독성을 가지고 있습니다. 그래서 성애 욕구가 충만할 때는 이성이 마비되어버릴 정도의 황홀경에 이릅니다.

하지만 안타깝게도 위에 언급한 세 가지 호르몬은 600일(약 2년)이 지나면 멈춰버립니다. 물론 사람과 상황에 따라 조금씩 다를 수 있겠지만 대부분의 경우가 그렇습니다. 더구나 아이를 출산하고 난 부부에게는 이 세 가지 호르몬이 급격히 사라져갑니다. 다만 엄마들에게는 수유를 하는 동안 옥시토신이 조금씩, 그리고 꾸준히 분비됩니다. 옥시토신이 계속해서 분비되는 아내와 달리 남편의 호르몬은 더 이상 분비되지 않습니다. 그렇다 보니 부부 사이에 이제 더 이상 사랑 따윈 존재하지 않는다고 생각할 수 있습니다. 그래서 기억 속 옛사랑을 그리워하고 가슴 두근거리는 사랑의 도파민을 갈구하는 것입니다. 물론 모든 부부가 그런 것은 아닙니다만, 많은 부부들의 이혼 사유가 배우자의 외도에서 비롯되는 것은 분명합니다. 아내와의 대화가 거의 없고, 자녀 양육을 등한시하며, 가정이 아닌 바깥에서 즐거움을 찾고, 대체적으로 귀가 시간이 늦은 아빠들에게는 이미 비극의 전조가 드리운 셈입니다.

하지만 쾰러Theresa Köhler 박사와 여러 뇌생리학자들이 발표한 중년기 호르몬 변화에 대한 논문을 보면 매우 흥미로운 사실을 발견할 수 있습니다. 아내의 출산 과정에 적극적으로 관여한 아빠들과 지속적으로 자녀들과 상호작용을 해온 아빠들은 우울증에 덜 노출되고, 인지적 능력 또한 비교 집단의 아빠들보다 훨씬 높은 것을 발견했습니다. 뿐만 아니라 배우자와의 결혼 생활에 대한 만족도도 꽤 높게 보고되었는데, 이들에게는 신경 전달 물질인 도파민과 옥시토신 같은 호르몬이 지속적으로 분비되고 있었다는 사실입니다.

예일 대학교 심리학과 교수인 로버트 스턴버그Robert J. Sternberg가 개발한 '사랑의 삼각형' 모형을 보면, 아빠의 사랑이 완전한 사랑으로 향해 나아가기 위해서는 세 가지 구성 요소가 잘 조화하고 어우러져야 한다고 말합니다. 그 요소는 바로 열정Passion, 친밀감Intimacy, 그리고 헌신Commitment입니다. 여기에는 일정한 시간과 노력, 한결같은 사랑, 그리고 아빠로서의 역할과 책임을 다하겠다는 확고한 의지가 담겨야 비로소 가능한 일입니다.

사랑의 매가 불러오는 체벌의 함정

영어 속담에 '매를 아끼면 아이를 망친다'는 말이 있습니다. 성경에도 "아이의 그릇된 행동을 그냥 넘기지 말라. 체벌을 하더라도 아이들은 죽지 않을 것이다. 체벌은 결국 아이들을 죽음(그릇된 길)의 수렁에서 구할 것이다"라는 말이 등장합니다. 동서고금을 막론하고 체벌은 자녀 양육에 주된 수단으로 사용되어왔습니다. 사람은 본래 악하게 태어나기 때문에 교화가 필요한 대상으로 여겼으며, 체벌을 통해 올바른 길로 훈육할 수 있다고 믿었던 것입니다.

중세 시대만 하더라도 아이들을 '작은 성인A small adult'으로 여겨 아이들이 잘못된 말과 행동을 하면 성인과 똑같이 처벌했습니다. 또한 부모의 신체적 학대로 아이들이 죽어도 그 부모는 처벌되지 않았으며, 많은 아이들이 노동과 생산 현장에 투입되었습니다. 아이들에게 별도로 음주와 흡연이 금지되는 법도 없었고, 여아들의 경우 성적 대상이 되어 매춘굴에 버려지기도 했습니다. 아이들의 인권이 철저하게 무시되었던 시대였던 것입니다. 때리면 맞고, 죽이면 죽어야 했습니다. 아이들에 대한 이런 그릇된 전통은 19세기 전까지도 사회에 만연해 있었습니다. 더욱 심각한 것은 근대화와 산업화 속에서도 이 같은 전통이 개선되지 않았다는 점이며, 더더욱 놀라운 것은 오늘날에도 아프리카나 동남아 국가들은 물론 여러 선진국에서도 인권의 사각지대에 놓인 아이들이 무참히 유린되고 있다는 현실입니다. 가끔씩 매체를 통해 의붓아버지나 친아버지로부터 수십 년간 강간을 당한 아이들의 안타까운 이야기가 전해지곤 합니다. 이런 몸서리쳐지는 이야기를 접할 때마다 과연 우리 인간 사회가 어디를 향해 달려가나 싶어 회의감이 듭니다.

'훈육'이라는 명분 아래 이뤄지는 신체적 가혹 행위에는 '사랑의 매'로 불리는 엉덩이 때리기부터 시작해 신체적 훈육, 그리고 신체적 학대 등이 있습니다. 그리고 이 각각의 행위에는 분명 차이가 존재합니다. 서양에서의 '사랑의 매'는 아이들이 잘못된 말이나 행동을 했을 때, 아이의 엉덩이를 손바닥이나 넓고 납작한 몽둥이로 힘껏 내리쳐 잘못을 깨닫게 하는 것을 말합니다. 신체적 훈육 역시 사랑의 매와 비슷한 개념이긴 하지만 그 강도가 좀 더 세고 매질을 하는 부위도 엉덩이에 국한되지 않고 신체의 여러 부위를 가격해 잘못을 묻고 반성하게 하는 목적으로 행해집니다. 그리고 신체적 학대는 어른의 손과 발을 모두 이용해 아이를 구타하는 것은 물론 몽둥이나 채찍, 허리띠, 심지어는 담뱃불로 지지는 등 보다 다양하고 끔찍하며 심각하게 이뤄지는 가혹 행위입니다.

문제는 엉덩이 때리기나 신체적 훈육이 과연 효과적인가 하는 것입니다. 제 수업(아동 발달과 부모-자녀관계)을 수강한 50명이 넘는 대학생들을 대상으로 어린 시절 부모로부터 훈육이나 신체적 체벌을 받은 경험이 있는지 조사한 결과 40% 이상이 그렇다고 답했습니다. 그리고 그중에는 체벌을 신체적 학대로 받아들였다는 학생들이 압도적으로 많았습니다. 특히 남학생들의 수가 여학생들의 수보다 월등히 많았다는 것도 주목할 만한 특징이었습니다.

신체적 훈육과 체벌을 경험한 학생들이 제시한 의견 중에는 자신의 잘못을 뉘우치는 것은 잠깐일 뿐, 체벌의 강도가 높아질수록 반감과 두려움, 공포, 심리적 위축, 복수심 등이 생겨났다는 대답이 공통적이었습니다. 적어도 제가 가르치는 미국 학생들에게 체벌이란 신체적 가혹 행위일 뿐 교육적 수단으로는 받아들여지지 않고 있었습니다. 체벌이 시대착오적인 훈육 방식임이 증명된 셈입니다. 체벌을 하다 보면 부모 스스로 이성을 잃어 아이에게 더욱 무자비한 가혹 행위를 하는 부작용을 낳기 때문에 그 심각성은 부모와 자녀 모두에게 깊은 상처를 남기게 됩니다.

제 윗세대는 물론이고 저와 동시대에 유년기를 보낸 많은 사람들이 부모의 체벌 속에 자랐다고 말합니다. 저 역시 크게 다르지 않습니다. 아버지는 분명 사랑과 희생과 기도와 눈물로 양육했다고 말씀하시지만, 정작 제 기억 속 아버지는 무섭고 두려운 존재일 뿐입니다. 뺨을 맞은 것부터 시작해 몽둥이와 밧줄, 호스, 빗자루로 맞았던 기억들은 지금도 생생합니다. 제가 만약 유아교육학을 전공하지도 않았고 아이의 발달이나 심리에도 문외한이었다면 십중팔구 저 역시 제 아이들을 체벌하며 키웠을 것입니다.

언젠가 국내 모 항공사에 다니는 선배 집에 놀러갔을 때의 일입니다. 그 집의 대여섯 살 된 아들이 두 살 위의 누나를 괴롭혀 누나가 꺼이꺼이 울고 있었습니다. 선배는 대뜸 아들을 부르더니 "이 꽉 물어!" 하고는 아이의 뺨을 힘껏 후려쳤습니다. 두어 차례 맞은 아들이 울음을 터뜨리자 선배는 "어디서 남자가 눈물을 흘려? 뚝 그치지 못해!" 하고는 다시 힘껏 아이의 뺨을 후려쳤습니다. 너무도 충격적이고, 또 민망하기도 해서 저는 선배를 끌고 밖으로 나왔습니다. 아파트 앞 벤치에 앉아, 아이에게 무슨 일이 있었는지 자초지종을 물은 다음 차근차근 알아듣게 설명해도 될 일인데 굳이 왜 그런 식의 체벌을 가하는지 물었습니다. 그러자 선배는 "그 녀석이 누나를 괴롭히는 게 한두 번이 아냐. 아주 못돼먹었다고! 커서 뭐가 되려는지……"라며 씩씩거리더군요. 이북이 고향인 실향민 아버지 밑에서 자란 선배는 혹독할 정도로 '남자는 강해야 한다. 배포가 있어야 하고 아량이 있어야 한다'는 식의 교육과 훈육을 받으며 자랐다고 합니다. 선배 역시 어린 시절 아버지로부터 심한 체벌을 받으며 자란 것은 두말할 나위가 없습니다. 아버지로부터 대물림 된 체벌을 자신의 아들에게 고스란히 물려주고 있었던 것입니다.

지금 그 선배는 박사과정을 준비하고 있습니다. 모교에 시간 강사로 나가고 있는데, 박사학위를 받으면 대학 강단에 서고 싶다고 합니다. 왜곡된 체벌에 대한 전설은 아마도 학력과 사회적 지위와는 별

상관이 없는 모양입니다.

체벌의 효과에 관한 최근 연구들을 살펴보면, 긍정적인 면보다 부정적인 측면이 훨씬 많은 것으로 보고되고 있습니다. 자녀의 그릇된 행동을 바로잡기 위해 아이에게 체벌을 가할 수밖에 없다면 아이가 더 큰 잘못을 했을 때는 어떻게 해야 할까요. 점점 더 강도를 높이는 것 외에 달리 방법이 없습니다. 그것이 바로 체벌의 한계입니다. 아이들은 뭔가 잘못했을 때 자신이 먼저 이를 알아차립니다. 그러므로 약간의 끈기와 인내만 있다면 아이와의 대화를 통해 얼마든지 해결이 가능합니다. 체벌의 가장 큰 단점은 아이의 내면에 있는 동기부여의 틀을 망가뜨린다는 것입니다. 이런 아이들은 수동적이고 피동적인 사람, 주변 환경에 쉽게 위축되는 사람으로 성장할 수밖에 없습니다.

존스 홉킨스 대학교 사회복지학과에서 자녀들로부터 신체적 학대를 받는 노인들에 대한 연구를 실시한 적이 있습니다. 연구의 주된 질문 중 첫 번째는 "당신은 당신의 자녀가 어렸을 때 신체적 체벌을 가한 적이 있습니까?" 하는 것이었습니다. 놀랍게도 응답자의 73%가 "예"라고 대답했습니다. 두 번째 질문은 "지금 당신은 자녀에게 복수를 당하고 있다고 생각합니까?"였고, 응답자들은 "그렇다"고 대답했습니다. 자녀에게 가했던 신체적 체벌과 학대의 결과가 수십 년이 흘러 언어 폭력을 포함한 신체적 학대로 노인이 된 부모에게 되돌아오고 있는 것입니다. 미국의 포털사이트에 "killed mothers"나 "children who killed father"로 검색을 하면 자녀에 의해 살해된 부모들 사건이 헤아리기 어려울 정도로 많이 올라옵니다. 자녀를 동물처럼 대하고 학대하면 여러분 또한 멀지 않은 미래에 동일한 방법으로 학대당하는 부모가 될지도 모릅니다. 이런 비극의 씨앗은 우리 세대에서 모두 거두어들여 더 이상 자라나지 않았으면 좋겠습니다.

  어떤 경우라도 체벌은 허용도, 용납도 되지 않아야 합니다. 언어폭력도 마찬가지입니다. 때로는 체벌보다 말이 상대에게 더 큰 상처를 남기기도 하니까요. 지금 아이에게 하는 아빠의 말 속에 아이의 '미래'라는 씨앗이 자라고 있습니다. 아빠의 행동은 머지않아 아이가 하게 될 행동입니다. 모든 삶의 이치는 뿌린 대로 거두고, 심은 대로 결실을 맺기 때문입니다.

축복을 부르는 아빠, 저주를 부르는 아빠

"한 명의 아버지가 백 명의 스승보다 낫다"는 말이 있습니다. 아버지의 영향력이 얼마나 큰지를 잘 표현하는 말이라고 할 수 있습니다. 실제로 아빠의 역할은 아이들의 성장에 결정적입니다. 행복이라는 목적지에 성공적으로 가 닿을 수 있도록 가정이라는 배의 선장 역할을 해야 하는 중요한 위치이기 때문입니다. 뿐만 아니라 아버지는 그 윗세대와 자식 세대를 연결시키는 다리 역할을 하기도 합니다. 이는 과거와 현재, 그리고 미래를 연결시키는 힘을 가지고 있다는 의미이기도 합니다. 예를 들어 아이가 자라 결혼을 하고 아이가 생기면 자신의 아버지가 했던 것과 마찬가지로 '아버지'로서의 역할을 다하고자 하는 본능이 발휘됩니다. 이때 아버지로부터 받은 경험이 부정적일 때는 자신의 아버지와는 판이한 양육 방법을 채택하게 됩니다. 반대로 아버지로부터 받은 좋은 기억이 많으면 많을수록 자신의 아버지와 유사한 양육 방법을 따르려는 성향이 강하게 나타납니다. 하지만 본인의 아이에게 선대로부터 물려받은 문화적, 정신적 유산을 물려주려는 노력은 공통적인 것 같습니다. 어린 시절 어떤 아빠 밑에서 어떤 경험을 했는지가 여러분의 현재와 여러분 자녀의 미래를 결정합니다.

매학기 제 수업을 수강하는 학생들에게 '아버지의 영향력'에 대해 설명할 때 종종 조나단 에드워즈Jonathan Edward와 맥스 쥬크스Max Jukes의 이야기를 들려줍니다. 아버지는 후대에 축복과 번영의 가문을 열 수도 있고, 저주와 비극의 씨앗을 뿌릴 수도 있는 위치에 있다는 사실을 극명하게 보여주는 예라고 할 수 있습니다. 로버트 프릭Robert Frick과 케네스 민케마Kenneth P. Minkema의 기록에 따르면 조나단 에드워즈의 가문은 17세기 청교도 박해를 피해 영국에서 미국으로 건너온 가문 중 하나였습니다. 일찍이 교육과 철학, 그리고 신학에 깊은 관심을 가지고 있던 그는 미국 동부 아이비리그 중 하나인 예일대학교를 우수한 성적으로 졸업했으며 후에 프린스턴 대학교의 총장까지 지냈습니다. 그는 항상 사랑과 지성이 성공적인 삶을 이끄는 두 수레바퀴라고 믿었습니다.

그렇다면 후대 사람들은 왜 그를 훌륭한 아버지의 상징으로 꼽게 되었을까요? 그 답은 그의 사망 이후 200년간 그의 후손들이 사회의 명망 있는 리더로 성장한 기록에서 찾을 수 있습니다. 실제로 그의 후손 중에는 미국 대통령 1명, 부통령 1명, 영국 수상 1명, 주지사 3명, 대학교 총장 13명, 국회의원 3명, 시장 2명, 판사 65명, 변호사 80명, 교수 100명, 그리고 성직자 300명이 있었던 것으로 조사되었습니다.

어떻게 해서 그의 가문은 이토록 번창할 수 있었을까요? 조나단은 일찍이 조기 교육의 중요성을 인식해 아이들을 인격적으로 대했다고 합니다. 아내와 함께 온 가족이 성경 공부를 하며 독서와 읽기 교육에 집중했고, 집안을 항상 학구적인 분위기로 만들었습니다. 또한 가장 역할에 충실하면서도 자신의 직업과 맡은 일에 성실하고 주도적으로 임함으로써 아이들의 롤모델로서 바른 생활을 몸소 실천하는 모습을 보여주었습니다. 정직하고 올바른 도덕적 기준을 가풍 삼아 아이들에게 대화법을 가르칠 때도 솔직하고 정직하게 자신의 의사를 표현하도록 격려했습니다. 특히 아이들에게 미래의 꿈과 비전을 귀하게 여기도록 가르쳤으며, 아이들과 함께 정치, 사회, 문화 전반에 걸친 다양한 분야에 대해 토론하는 등 사소한 일까지도 아이들과 대화하기를 즐겼다는 기록이 있습니다. 때론 엄하고 진중한 아버지이기도 했지만, 평소에는 아이들과 농담과 장난을 주고받으며 살을 맞대고 함께 뒹구는 친구 같은 모습도 가지고 있었습니다. 아울러 아이들의 교육을 위해서라면 가족과 함께 잘 준비된 환경을 만들어나가는 데 많은 시간과 노력을 아끼지 않았다고 합니다.

반대로 뉴욕의 악명 높은 범죄자였던 맥스 쥬크스 가문은 한 아버지가 어떻게 자녀들의 삶을 송두리째 실패와 좌절의 수렁으로 이끄는지 그 전형을 보여줍니다. 맥스 쥬크스는 다섯 명의 친누이와 부적절한 관계를 맺어 여러 명의 아이들을 낳았으며, 그중 다섯 명의 아들들 역시 근친상간, 근친강간, 근친결혼 등을 통해 또 여러 아이들을 낳았습니다. 가족 간의 도덕적 기준이 완전히 무시된 삶의 연속이었습니다. 맥스는 늘 음주와 마약, 도박에 빠져 있었고 문란한 생활과 폭력, 그리고 무절제한 삶의 전형을 보여준 가장이었습니다. 아이들의 교육에는 도통 관심도 없었으며, 여러 명의 아내들에게 노상 구타를 일삼았습니다. 뿐만 아니라 아이들에 대한 신체적 학대와 무관심은 자신의 아이들을 자기와 똑같은 아버지로 성장하게 만들었습니다. 그 결과 맥스의 자손들 중 310명은 거리에서 거지로 생을 마감했고, 440명은 마약 및 알코올 중독자였으며, 150명은 평균 13년을 교도소에서 보냈고, 그중 7명은 흉악 살인범으로 사형되었습니다. 또 60명의 자손은 상습 절도범으로 평생 교도소를 들락날락거렸고, 100명은 정신질환을 앓다가 정신병원에서 죽었으며, 여성 후손 중 190명은 거리의 매춘부로 생을 마감했습니다.

이 두 가문의 극명한 대비는 아버지의 역할이 얼마나 중요한지를 충분히 짐작하게 합니다. 물론 헌신적이고 잘 준비된 아버지 밑에서 자라는 아이들이 모두 성공적인 삶을 사는 것은 아닙니다. 반대로 나쁜 아버지 밑에서 자란 아이들이 모두 실패자가 되는 것도 아닙니다. 기록에 나와 있지는 않지만 조나단 에드워즈의 가문에도 분명 실패한 자손들이 있었을 테고, 맥스 쥬크스의 가문에도 비교적 성공적인 삶을 살았지만 암울한 가족사에 묻혀버린 후손들도 있을 것입니다. 하지만 우리가 이 두 가문의 이야기를 통해 깨달아야 할 것은 아버지는 축복을 부를 수도, 저주를 부를 수도 있는 영향력을 가진 사람이라는 사실입니다.

작은 배려가 만들어내는
놀라운 변화

'배려'와 '고려'의 차이는 행하는 주체에 있습니다. "고려해보겠다"는 자신의 입장에서 상대방을 바라보겠다는 의미이며, "당신을 위해 배려하겠습니다"는 상대방을 위해 마음을 쓰고 헌신하겠다는 의미입니다. 아이들의 양육에 있어서 '배려'가 중시되어야 하는 이유는 아이들이 가진 개성과 재능을 먼저 살피고 거기에 맞게 부모의 지원이 따라야 하기 때문입니다.

피아제Jean Piaget는 자기 본위의 생각을 '자아중심성Ego-centrism' 혹은 '자기중심성'이라고 명명했습니다. "세상의 모든 것이 나를 중심으로 공전한다는 생각"이라는 뜻입니다. 특히 영유아기에는 자아중심성이 극명하게 나타나는 특징이 있는데, 이는 사춘기를 거쳐 성인이 되어서도 의식과 무의식의 세계를 오가며 발현됩니다. 자아중심성이 긍정적으로 발전하면 주관이 뚜렷해 자신의 의견을 말하는 데 자신감이 있는 반면, 지나치게 몰입되면 자기밖에 모르는 이기적인 아이로 성장하는 경향이 강합니다. 자신의 견해와 타인의 견해를 잘 조절하고 타협할 줄 아는 균형 잡힌 사회-심리적 기술을 가진 아이로 성장하려면 내 순서만이 아니라 상대방의 순서를 인정하고 기다려줄 줄 아는 상호작용의 연습이 필요합니다.

대개 많은 부모들이 아이들의 심리 상태와 기준에 맞추기보다는 자신들의 선입견과 가치 판단으로 아이들을 평가하고 대안을 제시하는 데 익숙해 있습니다. 저 역시도 제가 가진 도덕과 사회적 잣대로 아이들을 가르치려 할 때가 많습니다.

어느 날 큰아이가 유치원에 가기 싫다고 떼를 쓴 적이 있습니다. 아내는 이미 출근을 했고 저는 학생들 기말 성적을 처리해야 하는 일이 남아 있었습니다. 급한 마음에 아이에게 왜 유치원에 가기 싫은지 묻지도 않고, "아빠가 오늘 할 일이 많아서 진하가 유치원에 갔으면 좋겠는데"라고 제가 하고 싶은 말을 먼저 해버렸습니다. 왜 유치원에 가기 싫은지, 유치원에 안 가는 대신 무엇을 하고 싶은지 아이의 생각을 살폈어야 했는데, 바쁘다는 핑계로 이 과정을 그냥 생략해버린 것입니다. 아이는 이내 떼를 쓰며 울기 시작했습니다. 그때서야 아차 싶더군요. 늦었지만 아이와 눈을 맞추고 왜 유치원에 가기 싫은지 말해줄 수 있느냐고 물었습니다. 아이가 자신이 하고 싶은 말을 차근차근 할 수 있도록 차분히 들어보았습니다.

알고 보니 아이는 꽃가루 알레르기 때문에 유치원에 가기 싫다고 이야기한 것이었습니다. 눈이 붓고 피부에 트러블이 생겨 전날 밤 약을 먹였는데 속이 좋지 않은지 대소변 보는 것을 힘들어했습니다. 아이의 유치원은 필라델피아 도심 한가운데 있어서 주변 환경이 그리 좋은 편이 아닙니다. 아이는 변변한 운동장도, 놀이 시설도 갖춰지지 않은 그 밀폐된 공간에서 하루를 보내는 게 힘들었던 것입니다. 더군다나 몸도 좋지 않은 터라 그날 하루는 아빠와 함께 보내며 집 앞 공원에 가서 놀고 싶었던 것입니다. 저는 해야 할 일을 잠시 미뤄두고 아이와 함께 놀기로 마음을 고쳐먹었습니다.

살면서 이런 일들은 수시로 생겨납니다. 그럴 때마다 나는 진정으로 아이를 먼저 배려하는 아빠인지 스스로 진지하게 생각해보았으면 합니다.

자연과 친해지는 비법 전수하기

　최근 한국의 유아 교육 현장에서 각광받는 프로그램 중 하나가 '숲 유치원'과 '생태 유아 교육'입니다. 유치원 아이들이 정기적으로 도심에서 벗어나 농원이나 숲이 우거진 자연으로 여행을 떠나는 것입니다.

　삭막한 도시 환경과 엄마의 잔소리, 공부에 대한 강박 대신 잠시나마 신선한 물, 공기, 따스한 햇볕, 시원한 바람과 같이 지내는 것입니다. 아이들은 책에서나 보았던 동물과 식물, 곤충들을 직접 관찰하면서 살아 있는 모든 것들엔 나름의 의미가 있음을 깨닫습니다. 종이배를 만들어 물에 띄우기도 하고 굵은 나무 기둥을 오르기도 합니다. 물가에서 모래놀이와 물놀이를 즐기고, 나뭇잎과 떨어진 나뭇가지를 주워 작품도 만들어보고, 500년 된 정자나무 아래 누워 선생님이 읽어주는 동화책도 감상합니다. 이것이 유치원 아이들이 숲이나 생태 체험지에서 하는 활동들입니다.

　그런데 사실 이 같은 프로그램은 이미 루소와 프뢰벨, 그리고 페스

탈로치가 수백 년 전부터 줄곧 강조해왔던 유아 교육의 사조입니다. 인간은 자연을 떠나서는 살 수 없으며, 아이들은 이런 활동을 통해 인간과 자연이 더불어 살아가는 방법을 배워나갑니다. 이는 도교 사상을 통해 동양에서도 이미 강조되어온 가치들입니다.

요즘 방영하는 TV 프로그램 중 '아빠! 어디가?'가 꽤 인기 있는 모양입니다. 몇몇의 연예인과 방송인, 운동선수 출신의 아빠들이 자신의 아이들을 데리고 전국 각지를 다니며 겪게 되는 일화를 꾸밈없이 보여주는데, 아이들과 함께 음식 재료를 구해 요리도 하고 놀이도 하면서 즐겁고 유쾌하게 시간을 보내는 내용들이 주를 이루고 있습니다. 그런 가운데 아이들은 자상하고 배려 깊은 아빠의 행동을 관찰하며 따라하는 모습을 확인하게 됩니다. 무엇보다 이 프로그램이 주는 신선함은 아이들의 공부나 아빠의 일처럼 숨 막히는 일상에서 벗어나 자연 속에서 휴식을 누리며 그 자유를 마음껏 즐기는 모습을 담고 있다는 점입니다. 아빠와 아이 모두 몸과 마음이 회복되고 서로 더욱 친밀해지는 것을 보면서 시청자들의 마음도 훈훈해지는 것 같습니다.

오늘날 아이들에게 부족한 점을 꼽으라면, 모험과 도전 정신이 아닌가 합니다. 사회가 하도 험하다 보니 늘 낯선 사람을 경계해야 하고, 위험한 놀이나 장난을 해서는 안 되며, 모르는 장소에는 가면 안 되는 등 조심해야 할 일들이 무척이나 많습니다. 그렇다 보니 아이를 키우면서 이 같은 위험을 무릅쓰고 과감하게 무언가를 실천하는 일이 그리 쉽지만은 않습니다.

그러면서도 한편으로는 내 자녀가 온실에서 자란 유약한 아이, 의존적인 아이로 자라는 것을 바라지 않습니다. 이때가 바로 아빠의 역할과 존재가 부각되는 시점입니다. 대한민국의 건강한 남자라면 대개가 군대에 다녀옵니다. 특히 우리나라 남자들의 잠재 의식 속에는 역사적으로 수많은 외침外侵과 전쟁을 이겨낸 민족의 강인함과 근성이 남아 있습니다. 그런 의식과 경험을 바탕으로 아이들과 함께 낚시, 등산, 야영 등을 경험하며 아빠만의 삶의 노하우를 전수하는 것입니다. 한 나라의 늠름한 남자로서, 한 가정의 믿음직스러운 아버지로서 자연과 마주하며 꿋꿋하고 의연한 모습을 보여주는 것, 이보다 더 좋은 유산은 없을 것입니다.

아빠습관 **5**

하루 10분,
아빠는 슈퍼 개구쟁이

아이들은 놀이를 통해 새로운 지식을 습득하고 감성을 발달시킵니다. 관계와 역할에 대해 배우는 기회를 갖게 되는 거지요. 매일 10분씩이라도 아이와 온몸을 부대끼며 놀아보세요. 아빠는 세상에서 가장 든든한 놀이터입니다.

아빠는 세상에서
가장 든든한 놀이터

아이들은 언제나 아빠의 관심과 사랑에 목말라하는 것 같습니다. 이는 현대 사회의 구조적 문제 때문인지도 모르겠습니다. 대개의 아빠들은 월요일부터 금요일까지 혹은 가끔 주말에도 아침부터 저녁 늦게까지 직장과 일에 매달려 살아갑니다.

유아기 자녀를 둔 아빠들의 나이는 보통 삼십대 초중반에서 사십대 전후인데, 이 시기는 묵시적으로 성취를 강요받기도 해서 어느 때보다 열심히 일에 매달릴 수밖에 없습니다. 더구나 맡은 일을 잘해내는 것뿐만 아니라 상사와 동료, 후배들의 교육, 그리고 고객들과 거래처 담당자들까지 신경 써야 하는 위치에 있습니다. 가끔은 일 자체의 중압감보다 동료들과의 인간관계에서 빚어지는 갈등이 더 큰 스트레스로 작용할 때가 많습니다. 한국 사회에서 좋은 인간관계를 유지하고 리더 그룹으로 승진하기 위해서는 업무 능력은 기본이고 꼬박꼬박 회식에 참여해 분위기를 이끌어야 하며 업무 성과와 실적도 다른 사람들보다 뛰어나야 합니다.

어디 그뿐이겠습니까. 한 집안의 가장으로서 부양의 의무를 다해야 하고, 가사 분담과 자녀 양육에도 참여해야 하는 등 사회적 요구가 높아져만 갑니다. 아내는 자신에 대한 관심과 애정이 예전 같지 않다고 투덜대기 일쑤고, 아이들과 좀 더 많이 놀아주고 함께해주어야 하지 않느냐며 잔소리를 합니다. 주말이면 시체놀이만 하지 말고 아이들 데리고 하다못해 집 앞에 있는 공원이라도 좀 다녀오라고, 그것도 아니면 아들을 데리고 목욕탕이라도 가라고 등을 떠밉니다. 연로하신 부모님과 장인 장모님께 어디 불편하신 데는 없는지, 건강은 어떠신지 안부도 여쭈어야 하고, 집안 대소사와 회사 동료들 경조사까지 챙길라 치면 몸이 열이라도 모자랍니다. 정말 아빠 노릇하기가 쉽지 않은 현실입니다.

현실이 이렇다 보니 아이들이 아빠와 함께할 시간이 적을 수밖에 없는 것이지요. 아이들이 아빠를 가장 필요로 하는 시기에 아빠가 제일 바쁘다는 것은 이 시대의 큰 불행 중 하나인 것 같습니다.

그렇다면 아빠는 언제부터 아이들의 양육에 참여해야 할까요?

빠르면 빠를수록 좋습니다. 1997년 존스 홉킨스 대학교 의과대학에서는 출산에 참여한 아빠와 그렇지 않은 아빠들을 대상으로 한 종단 연구 결과를 발표했습니다. 출산에 참여한 아빠들은 이후에도 집에 머물며 함께 놀이 활동을 하는 등 아이들과 보내는 시간이 많았으며, 그렇지 않은 아빠들보다 애착 점수 또한 훨씬 높게 나왔습니다. 그뿐만 아니라 조기 양육 참여자는 배우자와의 관계 역시 더욱 밀접하다는 연구 결과도 함께 내놓았습니다.

존 보울비John Bowlby의 애착 이론을 보면, 모든 동물은 생존을 위해 주 양육자와 애착이 형성되는데, 이는 생존 본능이 어미로부터의 보호에서 기인한다는 데서 착안되었다고 합니다. 특히 초기 애착 대상에게 새겨지는 강력한 이미지를 각인Imprinting이라고 하는데, 아이들이 출생한 뒤 얼마간 엄마와 아빠와 떨어져 있다면 그 아이는 인생 초기에 애착 대상자로서의 엄마 아빠를 잃어버리게 되는 셈입니다. 그러므로 아빠는 아이가 태어나는 순간에도, 그리고 엄마의 젖을 빨기 시작할 때도, 기저귀를 갈고 목욕을 할 때도 아이와 눈을 맞추고 웃어주는 상대가 되어야 합니다. 이것이 바로 아빠의 자리를 지키는 시작점입니다.

출생 초기 아빠와 얼마만큼 밀도 있는 애착을 형성했느냐에 따라 아이의 미래가 판가름 나기도 합니다. 늘 제가 주장하는 이야기이지만, 아빠는 아이의 인생 그릇의 크기를 결정하는 데 결정적인 작용을 합니다. 일단 그릇의 크기가 결정되면 그 안에 무엇을 담으며 살아갈지는 아이들의 몫입니다. 이 부분에 있어서는 보통 엄마의 역할이 더 중요해집니다. 그릇이 크고 경계가 넓게 설정된 아이들은 자연스럽게 두려움 없는 인생을 설계하고, 무한히 뻗어나가며 성장할 수 있는 잠재적 성장 지수가 높은 아이로 프로그램화되는 것입니다.

예로부터 우리나라는 유교적 전통과 가부장적 사회, 그리고 일터와 집 사이의 거리가 비교적 가까운 농경 사회에 기반하고 있었습니다. 아버지와의 물리적 거리가 가까운 만큼 심리적 거리도 가까웠던 것이지요. 그때만 해도 아버지는 가장으로서의 권위가 있었고, 강한 존재감을 드러냈습니다. 하지만 서구 문화와 산업화, 민주화가 단시간에 진행되면서 대가족은 해체되고, 가족 구성도 핵가족으로 탈바꿈했습니다. 맞벌이 부부가 늘어나면서 아버지에게 의존했던 경제적 영향력과 아버지의 권위도 함께 추락했습니다. 그럴수록 아버지들은 경쟁 사회에서 살아남기 위해 가정보다 직장과 일에 더 매달렸고, 사회적 성공을 아버지의 최고의 가치로 받아들이게 되었습니다.

아버지가 있지만 실질적으로 기능하지 못하는 시대, 즉 부성 상실의 시대를 맞이한 것입니다. 유치원을 가도 여자 선생님, 초등학교를 가도 여자 선생님이 대부분인 학교 문화는 남자 어른이라는 롤모델의 부재로 성 정체감의 불균형을 야기했고, 이혼 가정이나 한 부모 가정 내 문제들이 이슈가 되자 다시 아버지의 역할과 양육 참여에 대한 관심이 대두되기에 이른 것입니다.

유치원 교사로 근무하는 몇 년 동안 남자 선생님인 저를 가장 반겼던 것은 아빠에 목말라 있던 아이들과 바쁜 아빠의 빈자리를 메워주기를 바라는 어머니들이었습니다. 첫날, 유치원 교실로 들어서던 순간이 지금도 생생하게 기억납니다. 남자 선생님을 한 번도 경험한 적 없는 아이들은 신기한 듯 저를 바라볼 뿐 누구도 선뜻 말을 걸어오지 못했지요. 어색한 침묵이 잠시 흐른 뒤 한 아이가 용기를 내어 제게 물었습니다. "운전하시는 아저씨예요? 그런데 여긴 왜 오셨어요?" 제가 아니라고 대답하자 이번에는 다른 아이가 "그럼 사범님이세요?"라고 묻더군요. 자신이 다니는 태권도 학원 사범님을 떠올린 모양입니다. 지금도 남자 유치원 교사를 찾아보기 어렵긴 마찬가지이지만 20년 전에는 더더욱 그랬으니 아이들 눈에 신기하게 보이는 게 당연했을 것입니다. 제가 이제부터 여러분과 함께할 선생님이라고 말하고는 피아노 의자에 앉자 한 여자아이가 또 묻습니다. "피아노 치시려고요? 선생님 피아노 칠 줄 아세요?" 아이들은 처음 본 남자 선생님이 도무지 믿기지 않는 모양이었습니다.

하지만 아이들이 저를 받아들이고 신뢰하기까지는 그리 긴 시간이 걸리지 않았습니다. 아이들을 가르치려 애쓰기보다 함께 어울려 노는 데 초점을 맞췄습니다. 특히 바깥놀이 시간에는 아이들이 마음껏 뛰어놀 수 있도록 하는 동시에 저도 함께 참여해 술래잡기도 하고 그네도 밀어주었습니다. 여름에는 아이들과 함께 수영장에 가서 물장구를 치며 놀았고, 가을이면 유치원 옥상에 올라가 양껏 물감을 풀어 가을 하늘을 그렸습니다. 바람이 부는 날이면 연을 날리기도 하고, 눈 내리는 겨울이면 유치원 마당에서 아이들과 눈사람을 만들고 눈싸움도 했습니다. 아이들과 함께한 날들이 쌓여가자 무의식중에 저를 '아빠'나 '삼촌'이라고 부르고는 머쓱해하는 아이들도 있었습니다.

아이들이 태어나 처음 만나는 가장 포근하고 따뜻한 사람이 엄마라면, 아빠는 아이들이 세상에 태어나 처음 만나는 가장 듬직한 사람입니다. 초등학교에만 들어가도 아이들은 전처럼 아빠를 찾지 않습니다. 아빠보다는 또래 친구가 더 좋아지는 시기로 옮겨가는 것입니다. 그때가 되면 더 이상 아빠를 찾지 않는 아이들에게 서운한 마음이 들지도 모를 일입니다. 그러니 아빠를 세상의 전부라고 생각하는 유아기에 아이들과 함께하는 시간을 가능한 많이 가지세요. 이때가 아이들에게 아빠가 가장 필요한 시기입니다.

아이와 놀 때는
몸을 움직여라

유아 교육이 초등학교나 중등 교육 과정과 크게 다른 부분이 있다면 아마도 놀이 중심의 학습이라는 점일 것입니다. 유아기의 아이들은 놀이를 통해 배우는데, 이것이 곧 교육의 중심입니다. 어른들은 일과 놀이를 확실히 구분하지만, 아이들은 놀이가 일이고, 일이 곧 놀이이기 때문입니다.

놀이의 여러 가지 기능 중에는 아이들의 긴장과 불안을 해소시키는 역할도 있습니다. 아이들의 문제 행동을 치료하는 방법 중 놀이요법이 포함되어 있는 것도 그런 이유에서입니다. 놀이를 통해 아이들의 성향을 파악할 수 있고, 놀이 상황을 수정해줌으로써 아이들의 의식을 바로잡고, 만족감과 성취를 맛보게 함으로써 자신감을 길러 줄 수도 있습니다.

또 놀이가 아이들에게 중요한 이유는 놀이를 통해 의사소통 기술을 발달시키기 때문입니다. 세 살 먹은 큰아이는 아직 영어를 그렇게 잘하지 못합니다. 하지만 유치원이나 주일학교에서 영어를 쓰는 다른 아이들과 의사소통을 하는 데 별 어려움이 없어 보입니다. 놀이를 통해 상대방의 의도를 알아채고 반응함으로써 소통이 가능하기 때문입니다.

아빠와 함께하는 놀이는 아이에게 특히 중요합니다. 이는 아이가 이전에 경험하거나 이후에 경험하게 될 놀이와는 성격이 전혀 다르기 때문입니다. 엄마는 아이의 보호와 양육에 일차적인 목표를 둡니다. 엄마가 아이와 주로 하는 놀이는 동화책 읽어주기, 노래 부르기, 목욕하기 등 정적이고 안전한 것에 초점이 맞춰져 있습니다. 반면 아빠와 아이의 놀이는 보다 역동적이고 무질서하다는 게 특징입니다. 원시 시대부터 해왔던 원초적인 방식으로 아이에게 접근하고 놀이를 시도하기 때문입니다.

마이클 램은 동료들과의 연구에서 아빠들은 놀이를 위해 아이를 안는 경향이 있고, 엄마는 아이를 돌보기 위해 안는 경향이 있다고 보고했습니다. 아빠들은 아이들을 들어 올리고 함께 걷고 뛰는 운동에 치중하는 반면, 엄마들은 장난감을 움직이거나 흔들며 아이들과 눈을 맞추는 놀이 행동을 더 많이 보인다고 합니다. 엄마가 장난감이나 도구를 이용해 놀이하는 것과 달리 아빠는 아이들이 장난감이나 도구에 관심을 보이지 않을 때 신체적인 놀이로 바꾸는 성향을 나타내는 것입니다.

엄마와 아빠의 놀이 특징이 확연하게 다르다는 것은 아이들이 더 잘 압니다. 아빠는 아이들과 함께 뒹굴고, 목마를 태워주고, 안아들어 높이 올렸다 내렸다를 반복하고, 공중으로 던졌다 받으며 눈을 맞추고 함께 까르르 웃어주기도 합니다. 아빠와의 이런 놀이 형태는 아이들에게 이제까지 경험하지 못한 색다른 체험(몸으로 느끼는)을 제공합니다. 마이클 램의 연구에서와 마찬가지로 클락 스튜어트Allison Clarke-Stewart도 동일한 연구 결과를 보고했는데, 아이들은 같은 상황에서 엄마보다 아빠를 놀이 친구로 더 선호한다는 것입니다. 특히 두 살이 넘은 아이들은 성별에 관계없이 아빠와 놀이를 할 때 훨씬 더 협동적이며 몰두와 흥미를 느끼는 강도가 크게 나타납니다. 엄마 아빠의 각기 다른 놀이 성향을 통해 아이들은 대상에 따라 달라지는 행동과 반응을 학습하게 되는데, 이렇듯 놀이는 아이들에게 좀 더 다양한 관점을 제공해줍니다.

아빠와 아이와의 놀이에서 간과할 수 없는 또 하나의 주요 주제는 성 역할에 대한 학습입니다. 옥스퍼드 대학교의 플로우리Eirini Flouri와 뷰캐넌Ann Buchanan은 50년에 걸친 종단 연구를 통해 부모의 양육 참여가 아이의 성장과 발달에 미치는 영향에 대해 연구했습니다. 그 결과 자녀 양육과 놀이에 참여하는 비율이 높은 아빠 밑에서 자란 아이일수록 성인이 되어 자아유능감 수준이 높게 나타난다는 사실을 확인했습니다. 그 아이들은 육체적으로도 건강하고 심리적 안정감도 뛰어나 타인과의 문제 해결 능력 또한 다른 비교 집단의 아이들보다 월등하게 나타났습니다. 그중에서도 여자아이들의 점수가 남자아이들보다 더 높게 나타났는데, 이는 우리가 익히 알고 있는 것과 다르게 남자아이보다 여자아이에게 아빠의 영향력이 더 크게 작용한다는 사실을 말해줍니다.

　그렇다면 오늘날 부성의 부재 속에 살아가는 많은 아이들은 어떻게 해야 할까요. 모든 아이들이 아빠가 없거나 아빠의 역할이 부족하다고 해서 남성성을 발달시키지 못하는 것은 아닙니다. 형이나 삼촌, 할아버지 등 가정 내에 유능한 성인 남성이 아빠의 자리를 대신하면 됩니다. 다중애착론이 대두되면서 아이들이 부모나 주 양육자 이외에도 애착관계를 형성한다는 연구가 활발히 이뤄진 적이 있습니다. 존 보울비의 제자인 에인스워스Mary Ainsworth와 함께한 연구자들은 다중애착론을 통해 애착의 대상이 돌을 전후로 분화된다는 개념을 주장하며 부모 말고도 아이들은 가족이나 친척, 선생님 등 또래 친구들과도 애착을 형성한다는 결과를 찾아냈습니다.

　초등학교에 입학하기 전 무렵, 징징거린다고 아버지에게 뺨을 맞은 적이 있습니다. 태어나 처음으로 타인의 물리적 힘에 노출된 순간이었습니다. 아직도 그때가 생생하게 기억나는 것을 보면 어린 제게 꽤 큰 충격이었던 모양입니다. 심리학 용어로 초두 효과라고 하지요. 그 이후 아버지는 제게 무서운 사람, 언제든 폭력을 사용할 수 있는 사람으로 각인되었습니다. 저는 그런 아버지 대신 일곱 살 위의 큰형님에게 꽤 많이 의지했던 것 같습니다. 형님은 항상 자상했고 칭찬을 아끼지 않았으며, 제가 하는 모든 일에 관심을 갖고 진심으로 격려해주었습니다. 사실 그렇게 된 동기 뒤에는 하나의 사건이 숨어 있습니다. 어느 날 이마가 찢어져 병원에 가 꿰맨 적이 있습니다. 실밥을 뽑은 며칠 뒤, 어머니께서 상처가 잘 아물었는지 큰형님과 함께 병원에 다녀오라고 하시더군요. 저와 큰형님은 병원으로 향하는 대신 시내를 돌아다니며 놀았습니다. 물론 빵집에 들러 빵과 우유도 사먹었지요. 그날 이후 큰형님은 나의 멘토이자 롤모델이 되었습니다.

　많은 부모들이 자신들의 노력 여하에 따라 아이들의 미래를 바꿀 수 있다고 생각합니다. 전혀 틀린 말은 아니지만 열 살 이후가 되면 아이들은 부모보다는 친구들의 영향을 더 많이 받는다는 사실을 간과할 수 없습니다. 가정뿐이던 아이들의 삶의 경계선이 밖으로 확장되면서 자연스럽게 관심의 대상이 바뀌기 때문입니다. 특히 아빠가 없거나 아빠와 좋지 않은 관계에 있는 남자아이들은 형들이나 또래 친구들의 영향을 많이 받습니다. 뿐만 아니라 아이들은 영화배우나 연예인, 운동선수, 책 속의 주인공 등을 모방함으로써 남성성을 학습하고 경험하기도 합니다. 그렇더라도 아빠와의 상호작용에서 자신의 유능감을 획득한 아이들은 교우 관계에서 역시 자신감을 보이기 마련입니다. 따라서 아빠는 아이가 어느 곳에서든 자신감을 갖고 관계를 형성할 수 있는 바탕을 마련해주는 존재라는 점에 주목해야 합니다.

너무 멀지도,
가깝지도 않게

함께 있되 거리를 두라

그래서 하늘 바람이 너희 사이에서 춤추게 하라

서로 사랑하라

그러나 사랑으로 구속하지는 말라

그보다 너의 혼과 혼의 두 언덕 사이에 출렁이는 바다를 놓아두라

서로의 잔을 채워주되 한쪽의 잔만을 마시지 말라

서로의 빵을 주되 한쪽의 빵만을 먹지 말라

함께 노래하고 춤추며 즐거워하되 서로는 혼자 있게 하라

마치 현악기의 줄들이 하나의 음악을 울릴지라도

줄은 서로 혼자이듯이

서로 가슴을 주라

  그러나 서로의 가슴속에 묶어두지는 말라
  오직 큰 생명의 손길만이 너희의 가슴을 간직할 수 있다

  함께 서 있으라
  그러나 너무 가까이 서 있지는 말라
  사원의 기둥들도 서로 떨어져 있고
  참나무와 삼나무는 서로의 그늘 속에선 자랄 수 없다

  칼릴 지브란Kahlil Gibran의 「함께 있되 거리를 두라」라는 시입니다. 하루하루를 살아가기에 급급한 우리의 일상이 늘 피곤하고 짜증스러우며 만족스럽지 못한 이유는 일과 일 사이, 사람과 사람 사이에 여유 공간이 없기 때문이라는 말이 있습니다.
  속이 빽빽하게 찬 아름드리나무는 비바람이 몰아치면 순간 훅 하고 넘어가지만 마디마디 빈 공간이 있는 대나무는 쉽게 쓰러지지 않는 것처럼, 마디와 마디 사이 삶의 여유가 있는 사람은 쉽게 넘어지지 않는 법입니다. 설령 넘어지더라도 다시 일어날 수 있는 잠재력을 가지고 있습니다.
  부모와 자녀 사이도 마찬가지라고 생각합니다. 찰싹 달라붙어서 사사건건 자녀의 삶에 관여하고 참견한다고 해서 아이들이 잘 자라는 것은 아닙니다. 잠시라도 아이들 스스로가 생각하고 판단할 수 있는 여유 공간이 필요합니다. 아이들에게도 어른과 마찬가지로 자신의 내면을 들여다볼 시간이 필요한 것입니다. 이 시간을 통해 아이

들은 자신이 누구이며, 무엇을 위해 행동하는지, 그리고 앞으로 무엇을 하며 어떤 길을 걸어갈 것인지를 고민하게 됩니다. 그리고 이런 철학적 사유는 아이에게 동기를 부여하고 스스로의 인생을 설계하고 운영해나가는 힘을 길러줍니다.

아이와 놀이를 할 때도 마찬가지입니다. 모든 놀이를 아빠가 함께 해줄 수는 없습니다. 아빠와 함께하는 시간이 소중한 만큼 아이에게는 혼자 놀이를 하는 시간도 필요합니다. 혼자서 다양한 캐릭터를 연출하며 역할 놀이를 하는 등의 활동을 통해 아이들은 상상의 나래를 펴며 좀 더 창의적으로 성장하기 때문입니다.

얼마 전 제 아이의 세 살 생일 선물로 기차놀이 세트를 사주었습니다. 그 뒤로 아이는 유치원만 갔다 오면 쏜살같이 제 방으로 들어가곤 합니다. 슬쩍 따라가 보니 우리가 사는 소도시의 축소판처럼 만들어진 기차놀이 세트를 가지고 노느라 그랬던 것입니다. 저 혼자 길도 만들고, 건물과 나무도 세우고, 기찻길도 만들고, 또 다양한 사람들의 역할도 해내느라 무척 분주해 보였습니다.

"자, 이제 출발합니다!"

"아이코! 차가 망가졌네요."

"이리 오세요. 제가 고쳐드릴게요."

저는 아이가 혼자 노는 데 집중할 수 있도록 슬그머니 물러나주었습니다. 어떤 부모들은 아이가 혼자 노는 것을 못내 안쓰러워합니다. 아이가 쓸쓸해한다는 게 그 이유입니다. 하지만 그것은 순전히 부모의 생각일 뿐입니다. 사람은 누구나 혼자만의 시간이 필요하고, 그게 결코 쓸쓸한 일이 아님을 어려서부터 자연스럽게 받아들일 필요가 있습니다. 그러므로 아빠가 아이와 함께 노는 시간을 적절히 조절함으로써 아이가 혼자만의 시간도 즐길 수 있도록 배려해주는 지혜가 필요합니다.

아이와의 놀이,
하루 10분이면 충분하다

앞서도 언급했듯이 아이들은 어른들처럼 일과 놀이를 구분하지 않습니다. 아이들의 생활을 조금만 눈여겨보면 먹고 자는 것 이외에는 대부분 놀이로 시간을 보낸다는 사실을 알 수 있습니다. 그렇다 보니 아이들에게 놀이는 삶의 전부와도 같습니다. 아이들은 놀이를 통해 배우고 놀이를 통해 스트레스를 해소하며 놀이를 통해 자신의 감정을 표출하고 또 새로운 에너지를 얻습니다.

다시 말해 아이들은 놀이를 통해 새로운 지식을 습득하고 감성을 발달시키며 관계와 역할에 대해 배우는 기회를 갖는 것입니다. 어른들이 흔히 일을 잘하는 것만큼 잘 노는 것도 중요하다고 말하는 것과 같습니다. 잘 놀아야 생활의 활력소를 얻어 또다시 열심히 일도 하고 공부도 할 수 있으니까요.

어린 시절의 놀이 경험이 중요한 것은 놀이를 하는 감각의 대부분이 이때 길러지기 때문입니다. 그리고 아빠만큼 아이들의 놀이 파트

너로 좋은 상대는 없습니다. 하지만 많은 아빠들이 어린아이와 함께 노는 것을 주저합니다. 여러 가지 이유가 있겠지만 아이가 너무 어려서 자신이 놀이 상대로 부적합할 거라고 생각하거나 과연 어른이 어린아이와 재미있게 놀 수 있을까에 대한 주저와 두려운 마음이 가장 큰 이유인 것 같습니다.

심리학자인 로스 파크Ross Parke 교수는 자신의 연구를 통해 엄마들이 정적인 놀이를 선호하는 반면, 아빠들은 동적인 활동을 선호한다고 밝혔습니다. 그래서인지 신기하게도 아이들은 본능적으로 아빠의 몸을 놀이터로 생각하는 경향이 있습니다. 아빠와 함께 뒹굴거나 아빠가 단순히 자신을 공중으로 들어 올렸다 내렸다를 반복하는 것만으로도 아이들은 까르르 넘어갑니다.

이처럼 아이들과 몸으로 놀아주는 것은 생각처럼 어렵거나 두려운 일이 아닙니다. 아이가 돌이 지나 아장아장 걷기 시작하면 아이를 아빠 발등 위에 올려놓고 춤을 추듯 발걸음을 옮기는 단순한 놀이가 있습니다. 아마 경험해본 분들이 많을 것입니다. 또 침대에서 아이의 두 손목을 잡고 아빠의 두발로 아이의 골반 양쪽을 받쳐서 들어 올렸다 내렸다 하는 비행기 놀이도 아이들이 무척 좋아합니다. 그리고 가끔은 아이들이 산을 넘듯 아빠의 몸을 타고 넘어갈 수 있도록 해주는 놀이도 아이들이 무척 즐거워합니다. 몸으로 교감하는 이런 단순한 놀이부터 같이 풍선을 불어 공을 치듯 놀 수도 있고, 함께 블록 놀이를 하거나 탱탱볼을 굴리며 놀 수도 있습니다. 이런 단순한 놀이도 아이들은 몹시 즐거워합니다.

아이들은 하나의 놀이에 익숙해지면 놀이를 변형하거나 새롭게 응용하려는 시도를 하기도 합니다. 이때 아이 스스로 무언가를 시도하거나 아이디어를 제시하면 칭찬과 격려를 아끼지 않아야 합니다. 그러면 아이는 계속해서 창의적인 시도를 하게 되고, 성공할 때마다 자신감도 커지는 효과가 있습니다.

아이들이 초등학교에 들어갈 즈음이 되면 공 던지기나 공 차기, 술래잡기 놀이 등이 가능합니다. 같이 걷고 뛰는 것도 참 좋은 놀이 중 하나입니다. 가장 원초적이고 자연스러운 활동이기 때문입니다. 봄에는 집 근처 공원에 나가 함께 축구를 하는 것도 좋고, 캐치볼 세트로 공 던지기 놀이를 할 수도 있습니다. 여름에는 수영장이나 바닷가, 계곡 등에서 물놀이를 즐길 수도 있고, 가을에는 과수원을 찾아가 사과를 따거나 하는 등의 체험을 통해 자연의 이치와 섭리를 일깨워 주는 것도 좋습니다. 겨울에는 눈썰매를 타거나 스키, 보드 등을 가르치는 것도 좋은 놀이 방법 중 하나입니다.

아이들은 반복적인 놀이를 통해 자신의 몸의 기능과 운동 능력을 부단히 시험합니다. 그리고 자기 주변을 둘러보며 사물에 대해 배우게 됩니다. 친구들과 함께하는 놀이를 통해 협력의 중요성에 대해 인식하기도 하고 놀이 속에서 정서적으로 안정적인 인간관계를 배워가기도 합니다. 열심히 놀고 싸우고 화해하며 함께 자라가는 것입니다. 그러므로 아이들의 놀이 형태와 방법에 제한을 둘 필요는 없습니다. 아빠가 해야 할 일은 안전을 고려해 위험 요소를 제거한 놀이 환경을 제공해주는 것입니다. 그리고 굳이 대근육 활동이나 소근육 활동 놀이를 따져가며 놀게 할 필요도 없습니다. 그보다는 블록 쌓기 놀이든 물총 놀이든 퍼즐이든 주변의 상황과 여건이 되는 대로 아이와 함께 즐겁게 놀이에 임하는 게 더 중요합니다.

요즈음 저와 아들은 집 앞 공원에서 자전거 타기에 푹 빠져 있습니다. 저는 인라인스케이트를 타고 아이는 작은 보조 바퀴가 달린 네발자전거를 탑니다. 아이는 아빠보다 앞서보겠다고 땀을 뻘뻘 흘리며 열심히 달립니다. 그러다 지치면 공원 벤치에 나란히 앉아 시원한 물을 마시며 날아가는 비행기도 보고 지나가는 아이스크림 차도 구경합니다. 이런저런 이야기를 나누다 보면 어느새 서쪽 하늘이 붉게 물들어가고, 아이는 그 하늘을 보며 감탄사를 연발합니다. 아이와의 놀이에서 중요한 것은 무엇을 했느냐가 아니라 함께 웃고 즐기고 공감함으로써 소중한 추억의 순간을 함께 공유한다는 사실입니다.

우리 집 아이들은 놀고 싶을 때는 엄마가 아닌 저를 찾습니다. 그리고 졸리거나 배가 고플 때, 넘어져서 아프거나 잠자리에서는 엄마를 찾습니다. 이는 어느 때는 좀 딱딱한 매트리스에서 자고 싶은 날이 있고, 어느 때는 푹신푹신한 메모리 폼 침대가 그리운 날이 있는 것과 같습니다. 아이들에게는 아빠의 단단한 몸과 부딪혀 신나게 놀고 싶을 때가 있는가 하면, 엄마의 포근한 품이 그리울 때도 있는 것입니다.

아이들은 본능적으로 엄마와 아빠 모두를 필요로 합니다. 엄마와 아빠가 가지고 있는 각각의 고유한 성향과 상호작용이 아이들의 균형 잡힌 성장 발달에 꼭 필요하기 때문입니다. 5대 영양소를 골고루 섭취해야 몸이 건강을 유지하는 것과 같습니다. 아버지 연구자들과 놀이 이론가들의 공통적인 의견 가운데 하나는 "잘 노는 아이가 신체적으로도 건강하고, 공부할 때도 높은 집중력을 발휘하며, 사회생활과 교우관계에서도 뛰어난 리더십을 발휘한다"는 것입니다.

하루 10분만이라도 아이와 신나게 놀이하는 시간을 가져보십시오. 오래오래 함께하는 게 무조건 좋은 것은 아닙니다. 단 10분이라도 동심으로 돌아가 기꺼운 마음으로 아이와의 놀이에 집중한다면 그것으로도 충분합니다. 아이를 위해 아빠가 놀아주는 게 아니라, 아빠도 함께 즐기며 아이와의 놀이에 흠뻑 빠지는 것입니다.

아이와 함께 노래 부르기

아동 발달은 크게 신체 발달 영역, 인지 발달 영역, 사회-정서 발달 영역으로 나눌 수 있습니다. IQ 검사에서는 언어 영역, 수리 영역, 추리 영역, 공간 지각 영역 등 이 네 가지 영역을 고전적 지능 검사의 기준으로 삼습니다. 하지만 아이들의 무한한 잠재력을 위의 네 가지 영역으로 판단한다는 것은 바람직하지 않다는 점에서 오랫동안 비판을 받아왔던 게 사실입니다.

그 대안으로 하워드 가드너Howard Gardner는 다중지능 이론을 제안했고, 이는 최근까지도 많은 관심을 받고 있습니다.

2006년 샌프란시스코에서 열린 전미교육학회AERA의 다중지능 이론 세션에 참석한 적이 있습니다. 하워드 가드너 박사가 발표하는 이 세션은 아이들의 지능을 가늠하는 여덟 가지 영역, 즉 시각과 공간 지능, 언어 지능, 수학 논리 지능, 신체 운동 지능, 음악 지능, 개인의 내성 지능, 대인관계 지능, 자연 지능에 관해 전반적으로 설명하고, 교육 과정 속에서 교사와 부모가 어떻게 이를 실현할 수 있는지에 대한 방안을 찾는 것이었습니다. 가드너 박사는 아이들의 감성 지능을 높이기 위한 방법의 하나로 '아빠와 아이가 함께 노래하기'를 예로 들었습니다.

그 결과 아빠와 아이가 함께 노래 부르기 활동을 하는 것에 대한 다양한 장점들이 소개되었습니다. 그중 하나가 엄마와 아빠 사이에 존재하는 소리 차이와 음역대를 구분하는 경험을 통해 다른 감정의 흐름을 배울 수 있다는 점입니다. 또 노래가 담고 있는 사회 문화적 배경에 대한 지식을 자연스럽게 습득할 수 있습니다. 제가 유치원에 근무할 때 아이들에게 가르쳤던 「데꼴로레스De Colores」라는 노래를 예를 들어보겠습니다. 이 노래는 스페인 동요입니다. 우리의 귀에는 장닭이 '꼬끼오' 하고 우는 것으로 들리지만, 스페인에는 장닭의 울음소리를 '끼리끼리끼리'라고 발성합니다. 어미닭은 '까라까라까라'라고 울고, 병아리는 '삐요삐요 삐'라고 소리 냅니다. 이 노래를 통해 아이들은 자연 현상을 표현함에 있어서도 민족의 문화적 배경에 따라 각기 다르다는 것을 배우게 됩니다. 노래는 문화를 담고 있는 최고의 콘텐츠이자 문화를 가장 효과적으로 전달할 수 있는 수단입니다. 또 문화와 문화를 이어주는 다리 역할도 해서 아이들이 다양성에 대해 자연스럽게 배울 수 있습니다.

저는 지금도 주말이면 피아노를 치며 아이들과 함께 노래를 부릅니다. 집 앞 공원에 산책을 나가서도 아이들에게 목마를 태워주며 함께 노래를 부르는데, 신기하게도 아이들이 곧잘 따라 부릅니다. 요즘은 세 살짜리 큰아이가 저 혼자 흥얼흥얼 노래를 지어 부르기도 하고, 돌이 되기 전에 아빠가 불어주었던 노래를 기억해 그대로 따라 부르기도 하는데, 그럴 때면 너무 신기해서 깜짝깜짝 놀랄 정도입니다.

노래 속에는 사람이 느끼는 다양한 감정이 담겨 있습니다. 따스함이 있고, 추억이 있고, 미래의 희망이 있습니다. 이야기가 있고 역사가 있습니다. 그래서 함께 노래를 부르면 사람과 사람 사이에 마음도 함께 오고갑니다. 만약 노래가 없고 음악이 없었다면 이 세상은 얼마나 삭막할까요. 아빠가 아이와 함께 노래를 불러야 하는 이유가 바로 여기에 있습니다.

꼭 노래를 잘해야만 되는 것은 아닙니다. 도저히 노래 부르는 게 어렵고 힘이 들면 아이들이 좋아하는 동요 CD를 틀어놓고 함께 따라 부르는 것도 괜찮습니다. 또 아빠가 좋아하는 가요나 팝송 혹은 클래식을 틀어주는 것도 좋습니다. 아빠의 삶의 일부를 아이와 공유하는 매개체로서 음악은 훌륭한 도구입니다. 물론 아이들이 들어도 해가 되지 않고 무리가 없는 곡으로 선별하는 정도의 수고는 필요하겠지요. 아빠의 약간의 수고로 만들어지는 환경 속에서 아이들의 감성은 더욱 풍부해지고 깊어집니다.

아빠습관 **6**

아빠는 못 말리는 질문쟁이

질문은 아이의 성장 발달에 가장 긍정적인 영향을 미칩니다. 게다가 아빠의 질문은 엄마와 달리 기존의 사고방식이나 격식을 깨는 속성을 가지고 있습니다. 아이와 함께 길을 걸을 때, 만화영화를 볼 때 등 아이에게 질문하는 습관을 길러보세요. 질문에 대해 생각해볼 거리를 아이에게 제공할 때마다 아이의 창의성이 자라날 것입니다.

아빠의 질문이
효과적인 이유

아이들의 성장 발달에 긍정적인 영향을 끼치는 것 중 하나가 아빠만의 독특한 질문과 대화 방식입니다. 아빠가 아이에게 질문을 던지는 방식은 엄마가 가진 패턴이나 형식과는 사뭇 다릅니다. 그중 한 예가 아빠가 가지고 있는 파격破格의 속성입니다. 말 그대로 아빠들은 기존의 사고방식을 무시하거나 격식을 깨는 대범함과 실험적인 접근 방식을 가지고 있습니다. 이는 아빠가 아이들에게 던지는 말과 행동에서도 쉽게 찾아볼 수 있습니다.

  부모와 아이의 상호작용을 연구한 버코 글리슨Berko Gleason 박사의 말에 따르면, 아이들의 언어 발달이 태어나면서부터 자생적으로 이뤄지는 것이라면 재론의 여지가 없겠지만 아이들은 출생 초기부터 주 양육자인 부모의 대화와 타인과의 경험을 통해 상호작용의 기술과 대화법을 배우게 된다고 합니다. 그만큼 외부 환경과 타인과의 상호작용에서 받는 영향이 아이들의 언어 발달과 밀접한 연관이 있다는 것입니다. 특히 아빠와 아이가 나누는 대화는 아이의 언어와 인지 발달에 매우 긍정적인 영향을 미친다고 합니다. 그러므로 질문을 통해 아이의 사고를 자극시키는 것은 아빠의 중요한 역할 가운데 하나입니다.

그렇다면 아이들과 대화 시 어떤 점을 유의해야 할까요? 나오미 바론Naomi Baron 박사는 이를 시기별로 나누어놓았습니다.

먼저 신생아기와 영아기입니다. 이 시기에 아빠는 아이의 좋은 대화 상대가 되어주어야 합니다. 아이가 아직 말을 잘 알아듣지 못하고 반응이 서툴더라도 지속적으로 대화를 시도하며 이야기를 들려주는 게 좋습니다. 예를 들면 이런 식입니다.

"그래, 그래, 아빠가 많이 보고 싶었어?"

"아, 배가 고픈 모양이구나? 조금만 기다려. 아빠가 우유 가지고 올게!"

"오늘 하루는 어떻게 지냈어? 아빠가 깨끗하게 씻어줄게."

"자장, 자장, 우리 아기. 이제 아빠랑 꿈나라로 여행을 떠나는 거야, 알았지?"

아빠는 수시로 아이와 눈을 맞추며 아이가 원하는 것을 알아차리고 말과 몸짓과 스킨십을 통해 이를 충족시켜줍니다. 이런 과정 속에서 아이들은 점차 아빠의 언어와 신호에 반응하며 코드를 맞추게 되는 것입니다. 이를 아빠와 아이의 '언어 조율Linguistic Attunement'이라고 합니다. 아이가 편안하게 받아들일 수 있는 말의 형식을 연습하고 실행하는 게 이 시기의 아빠들이 해야 할 과제입니다.

다음은 걸음마와 유아기 단계입니다. 이때 아빠들은 지속적으로 아이의 언어 환경에 참여해야 합니다. 아이들은 돌이 지나고 만 두 살이 될 즈음이면 서서히 단어를 익히고 문장을 만들어냄으로써 자신의 의사를 표현하려고 합니다. 아주 천천히 그리고 점진적으로 단어와 어휘를 익히고, 숫자와 색깔을 구분하기 시작하면서 언어 발달의 지평을 넓히는 것입니다. 부모도 아이도 "이건 뭐지?" "저건 뭘까?" "이건 왜 이렇지?"를 무한 반복하는 시기이기도 합니다. 그리고 아이들이 '예'와 '아니오'를 구분하게 되면서 좋아하는 것과 좋아하지 않는 것, 하고 싶은 것과 하기 싫은 것을 구분하는 호감과 비호감의 경계를 시험하게 됩니다. 사물을 비교하기도 하고 공통점과 차이점을 찾기도 합니다. 피아제가 인지심리학에서 말하는 도식schema(지식과 정보 체계를 구성하는 인지 기능을 가진 표상 혹은 정신 구조)이 활발히 기능하는 시기인 것입니다. 새로운 정보가 유입되고 자신이 기존에 가지고 있던 경험과 사고를 기준으로 판단해 새로운 정보를 만들어내는 시행착오를 거치면서 아이들은 말과 생각의 균형을 잡아갑니다. 아이들은 언어가 발달하면서 질문도 기하급수적으로 늘어나고 사물과 현상에 깊은 관심을 보이게 되는데, 이때 부모는 아이의 질문에 바로 답을 해주기보다 아이 자신의 생각을 되묻거나 여러 가지 가능성을 열어주는 대답을 해주는 게 좋습니다.

예를 들면 부모가 성 역할에의 고정관념을 가진 채 남성성과 여성성, 남자의 물건과 여자의 물건, 남자가 하는 일과 여자가 하는 일 등에 미리 제한을 두어 이야기하는 것은 결코 바람직하지 않습니다. 이것 아니면 저것, 좋은 것 아니면 나쁜 것 등의 지극히 이분법적 사고방식으로 아이의 생각을 단순화시키는 것 또한 경계해야 할 화법 중 하나입니다. 예를 들어 "엄마가 밥 먹을 때 장난치지 말랬지? 맞아? 안 맞아?" 하며 다그치기보다는 왜 장난을 치는지, 왜 밥이 먹기 싫은지 아이의 말과 행동을 통해 맥락을 살펴보는 게 이 시기의 부모가 신경 써야 할 점입니다.

고등학교 때 한 친구가 담배를 피우다 선생님한테 걸린 적이 있었습니다. 어머니까지 학교에 불려올 만큼 큰 사건이었습니다. 선생님과 오랜 시간 면담을 한 뒤 집에 돌아온 어머니는 친구를 야단치기 시작했습니다. "이 녀석이 벌써부터 담배를 피우고 그래! 커서 뭐가 되려고 이렇게 말썽을 피우는 거야? 엄마가 나쁜 친구들하고 어울리지 말라고 했어, 안 했어? 너, 또 담배 피울 거야, 안 피울 거야? 빨리 대답 안 해? 너, 한 번만 더 담배 피우다 걸리면 너하고 나하고 그날로 다 죽는 거야! 알았어? 방에 들어가서 공부나 해!" 정신없이 퍼붓는 어머니의 야단을 듣고 제 친구는 정말 담배를 피우지 않았을까요? 안타깝게도 친구는 담배를 안 피워야겠다는 생각 대신 다음에는 엄마에게 걸리지 말아야겠다는 생각을 했다고 합니다.

퇴근한 아버지가 어머니에게 자초지종을 듣고는 친구의 방으로 건너오셨습니다.

친구 아버지: 너 학교에서 담배 피우다 걸렸다며? 밖에서 나 좀 잠깐 보자.
친구: (속으로) 이제 맞아 죽겠구나!

친구 아버지: (마당 의자에 앉아 친구의 머리를 한 대 콕 쥐어박으며) 짜식, 누가 아빠 아들 아니랄까봐. 야, 한 대 줘 봐!"

친구: (흠칫 놀라며) 아빠, 담배 피우셨어요? 안 피우지 않으세요? 아빠 담배 피우는 거 한 번도 본 적이 없는데…….

친구 아버지: 야, 뭐해? 한 대 줘보라니까! (담배를 받아 불을 붙이고는 잠시 뒤 길게 연기를 내뿜으며) 오랜만에 피우니까 새삼스럽네. 후후! 머리가 띵하다, 야! (잠시 뒤) 아빠도 고등학교 때 담배 많이 피웠었지.

친구: (놀라며) 그런데 왜 끊으셨어요?

친구 아버지: 기억 안 나? 너 어릴 때 소아천식이 심해서 병원 문지방이 닳도록 드나들었는데. 그때 의사였던 아빠 친구가 그러더라. 간접 흡연이 천식 있는 아이한테 굉장히 안 좋으니까 이참에 아예 끊으라고! 그래서, 끊었지.

친구: 그럼 저 때문에 끊으신 거예요?

친구 아버지: 꼭 그런 것만은 아냐. 항상 끊어야지 하고 생각은 했었는데, 차일피일 못 끊고 있다가 네가 소아천식을 앓자 그게 계기가 된 거지. (담배를 비벼 끄고는) 아빠도 오랫동안 담배 피워봐서 하는 말인데, 웬만하면 담배는 일찍 끊는 게 좋아. (지갑에서 만 원짜리 두 장을 건네며) 그래도 정 피우고 싶거든 좋은 거 사서 피워라. 들어가자, 엄마 걱정하시겠다.

친구에게 이 이야기를 전해 듣고는 친구 아버지가 얼마나 멋져 보이던지, 참 부러웠던 기억이 있습니다. 이 경우만 보더라도 아빠와 엄마는 상황을 바라보거나 해결하는 방식이 매우 다르다는 것을 알 수 있습니다. 친구 아버지의 접근 방식은 제 친구를 좀 더 큰사람으로 살아가게 했습니다. 그 친구는 사회적으로도 성공했고, 아빠 역할도 잘해내며 화목한 가정을 꾸려가고 있습니다.

아빠가 가져야 할
일관성에 대해

'일관성'이란 단어에는 규칙적이고 정기적이라는 의미 외에도 앞을 내다본다는 뜻이 함께 담겨 있습니다. 만약 부모가 자신의 기분과 상태에 따라 양육 방식이나 아이를 대하는 태도를 달리하면 아이들은 갈피를 잡지 못해 무척이나 혼란스러워합니다. 어떤 때는 큰 잘못을 했는데도 묵인하고, 어떤 때는 그렇게 큰 잘못을 하지 않았는데도 심하게 야단을 친다면 아이들은 도무지 잘잘못의 기준을 몰라 왜 자신이 혼나야 하는지 억울하게 생각할 수도 있습니다.

좋은 아빠, 바람직한 아빠, 유능한 아빠가 갖추어야 할 주요 덕목 중 하나가 바로 일관성입니다.

일관성 있는 삶을 유지하는 아빠들은 십중팔구 말과 행동이 일치합니다. 의외의 상황이나 자칫 당황스러운 상황에서도 사실과 감정을 구분하고 조절할 수 있는 능력이 있기 때문에 감정에 큰 기복을 보이지 않습니다.

또 이런 성향의 아빠들은 생활이 규칙적이며 항상 하루하루는 물론 일주일, 한 달, 일 년간의 계획을 세우고 이를 실천하려 노력합니다. 스스로 약속의 중요성을 잘 알기 때문에 아이들이나 아내와의 약속을 매우 중시하며, 지키지 못할 약속을 함부로 하지도 않습니다. 설령 피치 못할 사정으로 약속을 어겼을 때는 반드시 사과하는 것도 잊지 않습니다.

도덕적으로도 거리낌이 없어 아이들과 아내에게 항상 떳떳하고 당당합니다. 투명하고 정직하며, 실수가 있을 때는 솔직하게 자신의 잘못을 인정하고, 의도치 않게 상대방에게 상처를 주었을 때는 곧바로 용서와 이해를 구하는 지혜와 용기를 가지고 있습니다. 이런 아빠 밑에서 자라는 아이들은 앞으로 어떤 일이 일어날지를 예견하는 능력이 뛰어나 의외의 상황에서도 좀처럼 동요하지 않으며, 문제 상황으로부터 회피하려 하지도 않고, 적극적으로 문제를 해결하고 두려움과 맞서 싸우는 능력을 갖게 된다고 합니다.

반대로 일관성 없는 아빠들은 주위가 산만하고 늘 혼란스러워서 일의 우선순위를 구분하지 못합니다. 감정 기복도 커서 쉽게 화를 내고, 자신의 잘못을 잘 인정하지 않으며, 쓸데없이 고집을 부리기도 합니다. 그러다가 뜬금없이 아내와 자녀들에게 호의를 베풀어 식구들을 당황스럽게 만들기도 합니다.

다음은 잭 캔필드Jack Canfield의 『영혼을 위한 닭고기 수프』 중 일관성 없는 아빠에 대해 쓴 열 살 아이의 이야기입니다.

언젠가 온 가족이 둘러앉아 함께 저녁을 먹고 있었습니다. 아빠가 갑자기 일어나 식탁을 들어 엎어버리고는 "나는 집을 떠날 거야. 잘 지내, 안녕" 하고 나가버렸습니다. 그리고 그 다음 날 아무렇지 않게 집으로 돌아와서 아무 일 없었다는 듯이 지냈습니다. 저는 아빠에게 다가가야 할 때가 늘 두렵고 당황스럽습니다. 왜냐하면 아빠가 나를 안아줄지 아니면 회초리를 들고 때릴지 도무지 알 수가 없기 때문입니다. 그래서 저는 아빠와 마주치지 않도록 피해 다닙니다. 그게 가장 속편한 방법이거든요.

일관성 있는 아빠가 되기 위해서는 유념하고 실천해야 할 몇 가지 사항이 있습니다.

첫째는 자신의 감정을 잘 다스리고 평정심을 유지하려는 노력입니다. 사소한 것에 일희일비하지 않는 게 중요합니다. 좋은 일이 있다고 너무 들뜨지도 말고, 어려움이나 난관에 부딪혔다고 조급해하며 좌불안석이 될 필요도 없습니다.

둘째는 가족이 필요로 할 때 함께 있어주려는 노력입니다. 아내가 감기몸살로 아프면 약도 사다주고 죽도 끓여주어 보십시오. 또 아이의 입학과 졸업식에 빠짐없이 참석해 새로운 시작과 마무리를 격려하고, 그동안의 수고를 칭찬해주는 것입니다. 간혹 출장 등의 피치 못할 사정으로 아이의 발표회나 대회에 참석할 수 없다면, 전화나 문자 혹은 이메일을 통해서라도 아이가 지금 하고 있는 일과 직면한 문제들을 함께 나누려는 노력이 필요합니다.

셋째는 지키지 못할 약속은 하지 않고, 한 번 한 약속은 반드시 지키고자 하는 노력입니다. 아이가 아빠를 신뢰하지 못한다면 세상 누구를 믿을 수 있겠습니까? 사람과 사람 사이, 특히 아빠와 자녀 사이에 한번 무너진 신뢰관계는 웬만한 노력으로는 회복이 어렵다는 사실을 명심해야 합니다.

넷째는 정정당당하려는 노력입니다. 세상에 도덕적으로 흠이 없는 사람은 없습니다. 누구나 실수도 하고 잘못된 일에 연루되기도 합니다. 칸트의 묘비명에는 "나를 감탄하게 하고 경건하게 하는 두 가지가 있다. 하나는 밤하늘의 빛나는 별이고, 다른 하나는 가슴속에 빛나는 양심이다."라고 적혀 있습니다. 잘못된 선택과 유혹에 빠지지 않으려는 노력도 중요하지만, 양심이라는 거울을 깨끗하게 닦아 자신을 비춰보려는 성찰 또한 게을리해서는 안 됩니다. 실수를 했다면 깨끗하게 인정하고 잘못을 고백하는 용기를 보면서 아이들은 아빠를 더 존경하게 될 것입니다.

다섯째는 일과와 생활을 단순화하려는 노력입니다. 전과 달리 오늘날의 아빠들은 일과 직장, 가정, 거기에 커뮤니티 활동까지 포함한 삼중고에 시달립니다. 그렇다 보니 제대로 된 아빠 노릇 하기가 여간 어려운 게 아닙니다. 남편으로서, 직장인으로서, 사회 구성원으로서의 역할을 제대로 해내려면 몸이 열 개라도 모자랄 지경입니다. 모든 일을 다 잘해낼 자신이 없을 땐 일의 우선순위를 정해야 합니다. 긴급하고 꼭 필요한 일, 먼저 해야 할 일과 나중에 해야 할 일, 그리고 거절하고 양해를 구해야 할 일 등을 결정하는 것입니다. 저를 비롯해 한국의 많은 아빠들에게 '거절'은 제일 어려운 일 중 하나입니다. 거절해야 할 때 거절하지 못해 일을 그르치는 것은 오히려 관계를 악화시킬 뿐입니다. 힘들고 어렵지만 용기 있게 거절할 줄 아는 지혜가 필요합니다.

여섯째는 인생의 타임 테이블을 만들어 계획성 있게 움직이는 것입니다. 유치원 교사 시절, 학기 시작 전에 주로 하는 일은 유치원 교육과정에 맞게 일일 계획안과 주간 계획안, 그리고 월별 계획안과 연간 계획안을 작성하는 일이었습니다. 아이들이 신체, 인지, 사회-정서 면에서 고르게 발달하려면 잘 짜인 교육과정이 필요합니다. 고른 영양 섭취와 섭생을 위해 영양소가 골고루 들어간 식단을 짜듯이, 아빠도 아이의 시기별 발달과 성취해야 할 목표에 맞게 인생의 타임 테이블을 마련해야 합니다.

작전과 전략 없이 시합에 임하는 감독들은 아무도 없을 것입니다. 물론 선수 스스로가 판단하고 결정해서 움직여야 하는 경우도 있습니다. 하지만 감독의 머리에서 큰 그림이 그려지듯, 아빠도 아이의 인생에 대한 큰 그림을 그려가야 합니다. 그러기 위해서는 아이의 시기별 발달 정도를 잘 알고 있어야 하겠지요. 아이가 무엇에 흥미와 관심을 가지고 있는지, 무엇을 잘하고 무엇을 잘 못하는지를 이해해야 거기에 꼭 맞는 타임 테이블을 만들 수 있을 테니까요.

일곱째는 중요한 일과 결정을 앞두고 있다면 생각은 신중하게, 행동은 용기 있고 신속하게 해야 한다는 것입니다. 저의 경우, 현재 근무하는 학교에서 부교수로의 승진과 테뉴어Tenure(종신교수계약제) 심사를 앞두고 있습니다. 개인적으로나 가족 전체에게 많은 변화가 예상되는 일이지요. 가족의 미래와 아이들의 교육을 위해 어떤 결정을 내리는 게 바람직할지, 아내와 의논하는 시간이 많아졌습니다. 그러면서 미처 생각지 못했던 좋은 대안을 찾기도 합니다. 신중한 생각 끝에 아내가 동의하고 저 역시 좋은 판단이라고 생각되면 그에 따라 신속하게 실행에 옮길 일만 남았습니다. 그게 바로 일관성 있는 아빠가 지켜야 할 행동 강령 중 하나이니까요.

창의성은
질문으로부터 나온다

필라델피아 펜실베이니아 주립대학교에 다니는 한 후배의 이야기입니다. 그는 부모님의 안식년이었던 중학교 1학년 때 뉴저지에서 1년간 학교를 다녔습니다. 미국 학교에서는 교사와 학생들 간의 발문식 토론 수업이 일반적이어서 평소에 궁금한 것도, 질문도 많았던 후배에게는 더없이 좋은 교육 환경이었습니다. 처음엔 영어가 서툴러 토론에 참여하는 데 영 소극적이었던 그는 시험 성적도 좋고 영어 실력도 점점 늘자 적극적으로 자신의 생각을 발표하는 열정적인 학생이 되었습니다. 선생님과 친구들의 반응도 좋아 더욱더 자신감을 가지고 공부와 수업에 열중했지요. 또 운동에도 재능이 있어서 수업을 마치면 인종이 다른 여러 친구들과 어울려 농구도 하고 축구도 하면서 더욱 가깝게 지내게 되었습니다.

부모님의 안식년이 끝나고 그는 다시 한국으로 돌아가 중학교 2학년 과정에 복학했습니다. 학습자가 중심인 미국 학교의 발문식 토론 수업과 달리 교사의 강의식 교육(주입식 교육이라고 말하는)이 중심인 한국 학교에서의 수업을 그는 몹시 힘들어했습니다. 가끔 궁금증이 생겨 질문을 하면 선생님은 격려는커녕 도전이나 반발로 받아들여 성의 없는 답변을 하거나, 진도를 나가야 하는데 엉뚱한 질문으로 수업 분위기를 망친다며 체벌을 가하기도 했습니다. 같은 반 친구들은 그를 '4차원'이라고 놀리거나 '재수 없는 놈'이라고 욕하며 왕따를 시키기 일쑤였습니다. 그 일로 반 친구와 크게 싸운 뒤 그는 학교 가는 일이 끔찍하리만치 싫어졌다고 했습니다. 결국 그는 다른 학교로 전학을 갔습니다. 하지만 전학을 간 학교에서도 크게 다를 바 없었습니다. 부모님과의 상의 끝에 그는 다시 미국으로 유학을 왔습니다. 물고기가 물을 만난 것처럼 그는 이곳에서 학문적 열정과 성실을 인정받아 다시 열심히 공부할 수 있었습니다.

결국 그는 아이비리그의 몇몇 대학교에서 입학 허가를 받고 이곳 필라델피아 펜실베이니아 주립대학교로 오게 되었습니다. 미국에서 최고의 대학으로 꼽히는 아이비리그에서 입학 허가를 받을 수 있었던 것은 기본적으로 대학수학능력시험SAT과 고등학교 성적이 높아서이기도 했을 것입니다. 하지만 무엇보다 창의적이고 참신한 아이디어가 듬뿍 담긴 그의 에세이와 학교 활동, 그리고 전국미술대회에서 입상한 경력 등이 좋은 점수를 받았습니다. 또 농구 동아리 회장을 한 리더십과 한국 학생회 활동, 그리고 지역 사회 봉사 활동 등에서도 좋은 평가를 받았기 때문입니다.

여러분도 아시다시피 미국의 명문 대학들은 학생들의 기본적인 수학 능력 이외에도 독창성과 유연한 사고력 등 좀 더 다각적인 분야의 잠재력을 평가합니다. 그 덕에 다소 엉뚱하게 비춰질 수 있었던 후배의 독창성과 다양한 활동들이 높이 평가되고 인정받을 수 있었던 것이지요. 동그라미들이 사는 마을에 놀러간 마름모가 이방인 취급을 받고 왕따가 되어 쫓겨난 것처럼, 한국 학교에서 받아들여지지 않던 그의 재능과 독특한 사고방식이 미국에서는 오히려 장점으로 받아들여진 경우입니다.

사실 미국 학교에서 이뤄지는 문답 형식의 토론 수업은 가장 오래된 학습 지도법 중 하나입니다. 그런데 우리나라 전근대의 전통 교육과 서당에서의 교육 방식 역시 문답 중심으로 이뤄졌었다는 사실을 아시는지요. 교사가 발문하고 학생이 대답하고, 또 학생이 질문하면 교사나 다른 학생들이 답을 하기도 함으로써 학습자들의 자발적인 참여와 능동적인 사고에 강점이 있는 교육 방식이었지요. 그러다 근대화가 되면서 입시 준비 기능 강화에만 초점을 맞추다 보니 교사 주도의 강의로 변화된 것입니다.

창의성에 대해서는 학자들마다 의견이 분분하고 접근 방식 또한 차이가 있습니다. 하지만 보통 창의성을 정의할 때 이를 구성하는 하위 요소로 독창성, 유창성, 유연성, 응용성, 정교성 등을 듭니다. 코프먼James C. Kaufman과 스턴버그에 따르면, 창의적 사고는 자신만의 고유하고 독특한 방식으로 문제나 주제에 접근하는 것이라고 말합니다. 바로 위에서 이야기했던 제 후배의 경우가 그렇습니다.

하지만 모든 창의성이 지능과 동일하다는 의미는 아닙니다. 표준

화된 IQ 검사에서 주로 사용되는 수렴적 사고를 통한 문제 해결 능력과 한 가지 문제나 주제를 두고 다양한 접근을 통해 여러 가지 해법을 구하는 발산적 사고 모두가 창의성의 범주에서 다뤄지고 있는 것들입니다. 사고의 기본 틀이 될 수 있는 이분법, 삼분법, 사분법, 그리고 다분법 등 주어진 형식과 틀에 얽매이지 않고 보다 자유롭게 사고의 틀을 변환할 수 있는 능력을 유연성과 응용성이라고 할 수 있습니다. 10여 년 전 크리스마스 시즌에 한 어린 친구가 이런 노래를 부르는 것을 들은 적이 있습니다.

울어도 돼, 울어도 돼
산타 할아버지는 우는 애들에게도 선물을 잘 주신대
산타 할아버지는 모르신대
누가 착한 앤지 나쁜 앤지
치매에 걸리셨대

크리스마스 캐럴 「울면 안 돼」를 개사해 불렀던 것입니다. 엉뚱하기도 하고 재미있기도 해서 누가 가르쳐주었느냐고 물었더니 "우리 아빠요!" 하는 것이었습니다. 그 아빠는 아이에게 창의성을 불어넣어준 것일까요, 아니면 몹쓸 짓을 한 것일까요? 산타 할아버지는 아빠가 어릴 때부터 할아버지였으니 지금은 연로해서 건강도 나빠졌을 수 있고 치매에 걸렸을 수도 있을 것이라는 데서 착안한 노랫말이었을 것입니다. 우리 모두가 당연하게 받아들이는 사실을 한번 뒤집어 생각할 수 있도록 그 가능성을 열어준 아빠의 발상이 적어도 제게는 신선하게 느껴졌습니다.

'아빠 양육 참여와 양육 스타일이 아이의 창의성에 미치는 영향'에 대해 연구 조사하던 중, 창의적인 성향을 가지고 있거나 형식과 틀에 얽매이지 않는 아빠 밑에서 자란 아이들은 마찬가지로 자유롭게 사고하고 실천하는 성향을 지닌다는 다수의 선행 연구를 확인할 수 있었습니다. 심리학자 딘 키스 사이먼튼Dean Keith Simonton은 성인이 되어서도 창의적 사고는 계속해서 발전하며, 30대부터 50대 초반까지가 그 정점이라고 했습니다. 이 시기에 에디슨은 축음기를 발명했고, 모차르트는 「피가로의 결혼」이라는 명곡을 남겼으며, 안데르센은 『인어 공주』와 『미운 오리 새끼』를 발표했고, 피아니스트 유키 구라모토 역시 30세가 넘어 중년에 이르기까지 뉴에이지 음악을 선도하는 주옥같은 곡들을 내놓았습니다. 아빠의 창의성이 정점에 이르는 이 시기에 적극적으로 아이들과 놀아준다면 이보다 더 좋은 자녀 양육법도 없을 듯합니다.

어떻게 하면 아이들을 창의적으로 키울 수 있는가에 대한 질문에 미하이 칙센트미하이Mihaly Csikszentmihalyi는 이렇게 대답합니다.

창의성은 무에서 유를 창조하는 게 결코 아닙니다. 창의적 사고의 하나인 유창성은 아이들의 흥미와 호기심에서 출발합니다. 아이들이 보고 듣고 읽고 말하고를 반복하면서 아이들의 창의성의 세계가 열리는 것입니다. 삶은 경험이라는 넓은 강과 같습니다. 아이에게 수영을 가르치면 아이가 자라면서 스스로 강을 건너고 물속 깊은 세계를 알아갈 것입니다. 아이들의 삶이 더욱 풍성해지기를 바라고 창의적인 삶을 살기를 바란다면 많이 경험하게 해주십시오. 그것이 부모가 아이들에게 줄 수 있는 최고의 선물입니다.

제 아이들도 그렇듯이 여러분의 아이들도 하루에 몇 번씩 엄마나 아빠를 깜짝 놀라게 하는 기발한 말이나 행동을 할 것입니다. 그럴 때는 아이의 행동과 말에 좀 더 집중하며 칭찬과 격려를 아끼지 않는 게 좋습니다. 또 아이가 글을 쓸 수 있고 기록할 수 있는 나이가 되면 자신의 생각을 메모하는 습관을 기르도록 격려해주는 것도 중요합니다. 창의적이고 존경받는 인물들의 공통점은 모두 메모하는 습관이 몸에 배어 있다는 것입니다. 일기를 쓰거나 수첩에 메모를 하기도 하고, 또 컴퓨터나 스마트폰에 저장하거나 카메라로 찍어 보관하기도 하는 등 그 방법 또한 매우 다양합니다.

칸트는 매일 정해진 시간에 산책을 함으로써 사색을 하고 영감을 얻는 시간을 가졌다고 합니다. 아이에게도 자신만의 놀이 시간과 사색의 시간, 그리고 머릿속의 생각 주머니를 활성화시킬 시간이 필요합니다. 이제부터라도 아이가 멍 하니 먼 곳이나 창밖을 바라보고 있다면 방해하지 말고 그 시간을 존중해주도록 하세요. 아마도 아이 스스로 자신의 생각과 마음을 재정비하는 중일 것입니다. 이는 아이에게 더 없이 소중한 시간인 만큼 아빠와 엄마는 한 걸음 물러서서 그저 지켜보고 기다려주면 됩니다.

좋은 질문과
나쁜 질문

 아이들은 질문을 하기 위해 태어난 것처럼 보일 때가 있습니다. 쉴 새 없이 물어보고 또 물어보기를 반복하지요. 나름대로 설명을 해주어도 계속해서 "왜요? 왜 그런데요?"를 반복하면 슬며시 귀찮아져 마지막에는 아이의 질문을 무시하게 됩니다. 하지만 우리가 생활하면서 나누는 대화의 대부분이 질문과 답으로 이뤄져 있다는 사실을 알고 계신가요? 아이들의 세계도 마찬가지입니다. 하물며 아이들의 눈엔 낯설고 신기한 것투성이니 더욱 그렇지 않겠습니까. 조금 피곤하고 귀찮더라도 아이가 하는 질문에 귀를 기울여주세요.

 반대로 아빠가 아이들에게 질문을 많이 던지는 것 역시 교육적으로 매우 중요하다는 사실에 주목해야 합니다. 유아기의 아이들은 질문에 대한 답을 찾고, 또 자신이 궁금한 것을 질문으로 표현하면서 언어와 인지, 그리고 사고력을 확장시킬 수 있기 때문입니다. 아이들은 질문을 통해 많은 것을 배우고 많은 정보를 습득합니다. 그리고 자신의 사고 체계를 정립합니다. 아이에게 질문을 자주하다 보면 아이가 확실히 이해하고 있는 것과 그렇지 않은 것을 명확히 구분할 수 있을 뿐만 아니라, 아이의 관심사와 흥미도 잘 이해하게 됩니다.

원래 '교육한다Educate'는 말은 '이끌어내다Educe'라는 어원에서 출발했습니다. 질문과 답을 통해 새로운 사실을 깨닫고, 또 자신이 아는 것과 모르는 것을 구분하며 새로운 사고 체계를 구성하는 게 교육의 요체입니다.

먼저 질문의 종류에는 크게 '수렴적 질문'과 '확산적 질문'이 있습니다. 수렴적 질문은 특정한 정보를 확인하는 데 초점이 맞춰져 있습니다. 아이들의 대답에 교사가 피드백을 제공함으로써 아이들이 가진 정보를 다시 상기해보는 기회를 갖게 되는데, 예를 들어 "이 자동차는 무슨 색이니?" 혹은 "점심은 먹었니"처럼 단답형 질문이나 어떤 사실관계를 확인하는 단순한 형태를 띱니다.

반면 확산적 질문은 정답이 정해져 있지 않기 때문에 아이들이 추측하고 또 창의적으로 답을 찾아볼 수 있는 열린 형태의 질문입니다. 예를 들어 『배고픈 애벌레』를 읽고 어떤 부분이 재미있었니?" 하는 식의 질문입니다.

두 형태의 질문 방식 모두 각각의 장단점이 있습니다. 수렴적 질문은 짧은 시간 내에 아이가 아는 것과 모르는 것을 확인할 수 있으며 간단하게 사실관계를 확인하는 데 효과적이라는 장점이 있습니다. 하지만 지극히 간단명료한 형태의 질문으로 아이들이 다양하고 깊이 있는 사고를 하는 데 한계가 있습니다.

반면 확산적 질문은 아이들이 창의적이고 다양하며 깊이 있는 생각을 할 수 있는 장점이 있지만, 사실에 대한 기초 정보가 부족한 아이들에게는 다양한 선택 상황에서 오히려 헷갈릴 수 있습니다. 또한 시간과 인내심도 필요하기 때문에 부모가 아이들의 답변을 잘 기다려주지 못하면 오히려 아이들의 자신감과 의욕을 좌절시키는 단점이 있습니다.

일반적으로 부모와 자녀의 대화는 확산적 질문보다 수렴적 질문이 네 배 정도 많습니다. 이상적 형태는 이 두 가지 형태가 상황과 맥락에 따라 다르게 사용되는 것입니다. 유아교육학과 4학년 실습생들을 지도하다 보면 전공 시간에 배운 이 '확산적 질문'을 활용하기 위해 애쓰는 모습을 볼 수 있습니다. 하지만 아이들에게 확산적 질문만을 고집하면 수업이 뒤엉켜버릴 가능성이 큽니다. 아이들이 혼란스러워하기 때문입니다.

다음은 아이들과 실습생이 함께 여러 종류의 차가 등장하는 동화책을 읽고 있는데, 견인 트럭이 등장하자 한 아이가 질문을 던진 상황입니다.

아이 A: 선생님, 저 차는 이름이 뭐예요?
교생: 그래, 좋은 질문이구나. 이 차 이름이 뭘까?
아이 A: 글쎄요?
교생: (전체 아이들에게) 무슨 차인지 다 같이 생각해보자.

아이 B: (손을 들고는) 소방차 아닐까요?

교생: 아닌 것 같은데, 다른 친구 중에 아는 사람 없니?

아이들: …….

실습생이 아이들에게 정답을 알려주어야 할지, 말아야 할지 난감해하는 사이 아이들은 이내 흥미를 잃고 서로 장난을 치거나 이리저리 돌아다니기 시작했습니다. 아이들에게 생각할 기회를 준 것은 잘한 일이지만, 의외의 상황 때문에 동화책 읽기의 흐름이 끊겨버렸다는 점을 간과할 수는 없습니다. 이럴 때는 차의 이름을 알려준 뒤 "이 차는 어떤 역할을 할까요?"라거나 "이렇게 생긴 차를 본 적 있는 사람?" 하고 물어보는 게 오히려 아이들의 사고를 확장시킬 수 있는 훨씬 효과적인 방법입니다.

아이가 새로운 정보를 필요로 할 때는 단답형의 질문과 대답을 통해 새 정보를 제공하는 게 좋습니다. 새로운 정보와 함께 아이의 흥미와 호기심을 자극해 좀 더 깊이 생각하는 기회를 만들어주는 것입니다. 아이가 "아빠, 이 옷의 색깔이 뭐예요?"라고 묻는다면, "노란색이구나. 이런 색깔을 본 적이 있니?"라거나 "이 옷 색깔과 같은 색을 가진 물건들을 한번 찾아볼까? 어떤 게 있을까?" 등의 열린 질문으로 확대해나가는 게 좋습니다. 그러면 아이는 "병아리요"라거나 "바나나요" 하며 자신만의 생각을 표현하게 됩니다. 그러면서 점차 아이의 흥미와 관심이 모이는 쪽으로 대화를 진행해나가면 더욱더 깊이 있는 사고를 유도할 수 있습니다.

또 질문을 할 때는 지금 내 아이의 생각과 발달 정도에 적합한지, 의미가 있는지, 아이가 질문의 내용을 잘 이해하고 답할 수 있는지, 아이가 질문의 내용을 기억하고 답할 수 있는지, 또한 아빠가 진심과 호기심을 가지고 질문하고 있는지를 염두에 두어야 합니다.

또 하나 유념할 것은 질문과 질문 사이, 대답과 대답 사이에 기다려주는 시간입니다. 질문을 통한 학습 방법의 권위자인 로우David Rowe 박사는 질문을 한 뒤 아이가 대답할 때까지 적어도 3초 이상은 기다려주라고 말합니다. 아이가 대답할 때까지 기다려줌으로써 아이들의 대답의 양과 질이 크게 향상되었음을 확인했기 때문입니다. 심사숙고한 다음 차분하고 신중하게 질문에 대답했기에 가능한 변화였을 것입니다. 또한 단순히 엄마 아빠의 물음에 답하는 데 그치지 않고 아이들 역시 자유롭게 질문을 하게 되었고, 부모의 대답에도 깊은 관심을 갖고 귀 기울여 듣게 되었습니다.

이런 점들에 유의해 아빠와 아이가 질문과 대답을 서로 주고받으면 점차 깊이 있는 대화가 가능해지는데, 이는 교육적으로도 매우 의미 있는 일입니다. 뿐만 아니라 아빠와 아이의 관계가 깊어지는 값진 선물도 함께 따라옵니다.

한국에서 이민 온 부모들은 보통 아이들이 학교에서 돌아오면 "공부 잘했니?" 혹은 "시험 잘 봤어?"라고 묻습니다. 하지만 미국 부모들은 "오늘 수업 시간에 어떤 질문을 했니?"라거나 "선생님이 뭘 물어보셨어?" 혹은 "친구들은 어땠니?"라고 묻습니다.

부모들이 하는 질문 하나를 두고 과잉 해석이 아니냐고 말할 수도 있지만, 여기에는 분명 아이들의 교육에 관여하는 방식의 차이가 담겨 있습니다. 아이를 잘 양육하고 교육하는 것은 쉽지 않은 일입니다. 하지만 아이들에게 좋은 질문을 하고 아이들의 질문에 성의 있게 대답하는 것은 그리 어려운 일이 아닙니다. 그리고 이런 행동의 결과는 자녀들을 신중하고 창의적이며 지적 호기심으로 가득한 아이로 성장시킵니다.

TIP 6

왜 아이들은 물놀이를 좋아할까

노자의 『도덕경』에 '상선약수上善若水'라는 말이 있습니다. '최고의 선은 물과 같다'라는 뜻입니다. 사람은 물이 가지는 속성에서 많은 것을 배웁니다. 제 아들의 이름이 진하鎭河인데, 물을 다스리는 아이라는 뜻에서 지은 이름입니다.

사실 물은 항상 높은 데서 낮은 데로 흐르므로 겸손을 의미하기도 하고, 최고의 힘을 가지고 있어서 모든 것을 쓸어버리는 능력도 가지고 있지요. 그러나 평소에는 잔잔하게 흐르는 속성을 가지고 있어서 물을 보면 마음이 참 편안해지는 것을 느낍니다. 저도 어릴 때부터 물을 굉장히 좋아했는데, 속상한 일이 있어 씩씩거리며 울다가도 세수를 하거나 목욕을 하고 나면 기분이 좋아지곤 했습니다. 분명 물에는 우리가 상상하는 그 이상의 매력과 상한 마음을 치유하는 힘이 숨어 있는 모양입니다.

원래 모든 아이들은 물과 친근합니다. 아이는 엄마의 자궁 속 양수에서 최초의 삶을 시작하기에 그렇습니다. 하지만 요즘은 많은 가정이 아파트에서 생활하다 보니, 욕조에 몸을 담그기보다는 간단하게 샤워를 하거나 세면대에서 씻고 마는 경우가 많습니다. 그나마 우리 가족은 지금 살고 있는 집에 큰 욕조가 있어서 종종 아이들과 함께 벌거벗은 채 아무 거리낌 없이 욕조에 들어가 장난도 치고 서로의 몸을 씻겨주기도 합니다. 아이들도 아빠와 함께 목욕하는 것을 무척 좋아해서 아빠와 아이들 사이의 정을 쌓기에 이만한 놀이도 없는 듯합니다.

아이들과 함께 정신없이 물놀이를 하다 보면 저 또한 직장에서 받은 상처와 근심, 그리고 스트레스가 비누 거품과 함께 싹 씻겨나가는 것을 느낍니다.

지난 2001년 영국 BBC 방송국은 'Fathers Urged to Bath Baby'라는 프로그램을 통해 아빠가 아이와의 목욕에 참여할 때의 효과에 대해 상세히 다룬 적이 있습니다. 이 프로그램은 심리학 박사인 하워드 스틸Howard Steele의 14년간의 종단 연구에 바탕을 두었는데, 아빠와 함께 정기적으로 목욕을 하며 성장한 아이가 사회적 문제 해결 능력에서 탁월한 결과를 보였다고 보고했습니다. 또한 어린 시절 아빠와 함께 목욕한 경험이 없는 아이들 중 30%는 또래 친구를 사귀는 데 심각한 문제를 보였다고 합니다.

뿐만 아니라 아이들이 따뜻한 온도의 물에서 아빠와 신체적으로 접촉하며 하는 목욕이 옥시토신Oxytocin의 분비를 촉진시키고 아이의 뇌 속에 특별한 경험으로 각인되어, 훗날 사회적 유능감에 긍정적인 효과를 불러온다고 합니다.

아이와의 목욕은 아빠에게도 큰 영향을 미치는데, 육아와 양육에 대한 자신감을 갖게 한다는 게 대표적 효과입니다. 특히 아이와의 스킨십을 통해 보다 친밀한 애착관계를 형성하고, 엄마와는 또 다른 세계로 이끌어주는 안내자의 역할을 충실히 이행하게 된다는 것입니다.

오늘날의 아빠들은 무척이나 바쁘기 때문에 양육에 참여할 기회나 시간이 부족한 만큼 아이와 함께 목욕을 즐기는 시간을 잘 활용한다면 양육 참여에 큰 도움이 될 것입니다.

아빠습관 **7**

아빠는 둘도 없는
단짝 친구

아이의 고민을 들어주는 것도 중요하지만 가끔은 아이에게 아빠의 고민을 말해보는 것도 좋습니다. 아빠의 실수와 고민을 아이에게 이야기할 때 아이는 실망하기보다 오히려 인간미를 느끼고, 아빠에 대해 생각해보는 시간을 갖게 됩니다. 이는 아빠와 아이가 수직적 관계 아니라 수평적 관계로 이어질 수 있는 좋은 습관입니다. 친구 같은 아빠가 되고 싶다면 오늘 아이와 눈을 맞추고 고민을 말해보는 것은 어떨까요.

친구 같은 아빠 vs 권위 있는 아빠

10여 년 전, 유학생활을 하면서 처음으로 테니스를 시작하게 되었는데, 정말 테니스를 잘 치고 싶은 생각에 거금을 들여 줄 매는 기계를 사 직접 제 라켓의 줄을 매기 시작했습니다. 미국테니스협회에서 공인하는 티칭 프로 자격증을 따기까지 숱한 시간 테니스 라켓의 줄을 매면서 사소하지만 중요한 사실을 깨달았습니다. 모든 테니스 라켓의 줄은 가로줄과 세로줄이 교차해 표면 장력을 만들어냄으로써 라켓으로서의 기능을 하게 된다는 점입니다.

그리고 가장 중요한 부분은 가로줄을 맬 때는 세로줄의 한 칸, 한 칸을 위 아래로 교차해 매어야 한다는 것입니다. 그래야만 각각의 가로줄과 세로줄이 서로의 줄에 의지해 움직이지 않도록 단단히 고정되기 때문입니다. 이는 씨줄과 날줄이 얽혀 하나의 완성된 천으로 태어나는 것과 같은 이치입니다.

사람과 사람, 특히 아빠와 자녀와의 관계도 마찬가지라고 생각합니다. 수직적인 관계(날줄) 하나만으로는 올바른 부자관계를 완성할 수 없습니다. 수직적 관계와 수평적 관계(씨줄)가 조화를 이뤄야만 튼튼하고 건강한 부모와 자녀의 관계를 만들어갈 수 있습니다. 많은 사람들이 친구 같은 아빠가 되고 싶어 하고, 또 나름대로 노력도 하지만 현실은 아빠들의 바람과 거리가 있어 보입니다. 아빠와 아이가 친구처럼 허물없고 격의 없는 사이가 되려면 어떻게 해야 할까요.

유학 시절, 우연히 〈라이언 킹〉이라는 영화를 보게 되었습니다. 영어 공부에 도움이 될까 싶어 반복해서 보다 보니, 그냥 지나쳤던 영화의 새로운 내용과 맥락이 눈에 들어왔습니다. 특히 아빠와 아들, 그리고 자아유능감의 형성 과정과 발달 등 부모 교육에 초점을 맞춰 정독하듯 영화를 보았습니다. 결국 그것이 계기가 되어 이 영화는 제 박사 논문의 모티브가 되었습니다. 영화 속에 등장하는 아버지 무파사Mufasa와 아들 심바Simba와의 관계를 통해 저와 제 아버지의 모습이 오버랩되기도 했습니다.

무파사는 모든 이들로부터 존경받는 사자 왕국의 용맹한 리더입니다. 어린 심바에게 아버지는 다가가기 힘든 위엄과 권위를 가진 산과 같은 존재입니다. 하지만 그런 무파사도 아들 앞에서는 다정하고 상냥한 아버지일 뿐입니다. 그는 아들에게 대자연의 섭리를 가르쳐주고 친구처럼 친근하게 대하며, 아들이 자신의 정체성에 혼란을 느낄 때면 정신적 지주가 되어주기도 했습니다.

무파사의 자녀 양육을 이해하기 위해서는 바움린드Diana Baumrind의 양육 스타일을 살펴볼 필요가 있습니다. 그는 부모의 양육 스타일을 크게 네 가지로 구분했습니다.

첫째는 권위적 양육 스타일입니다. 이는 부모의 권위와 허용적 태도가 잘 조화된 양육 모델이라고 할 수 있습니다. 자녀의 자율성을 존중하고 민주적인 대화를 중요하게 생각하며 자녀에 대한 애정이 잘 포함되어 있는 유형입니다. 이런 부모를 둔 아이들은 의사 표현이 분명하고 유능하며 독립적이고 높은 사회적 유능감을 보여줍니다.

둘째는 독재적(혹은 권위주의적) 양육 스타일입니다. 이 양육 스타일은 우리 유교 문화의 가부장적 아버지 모형으로 설명할 수 있습니다. 부모의 권위를 자녀의 의사나 자율성보다 우선시합니다. 훈육적 양육 태도와 부모 주도형의 교육 방식도 독재적 양육 스타일의 대표적인 특징입니다. 이런 부모 밑에서 자란 아이들은 자율성이 부족하고 의존적이며 대인관계나 사회적 상호작용과 의사 결정 과정에서 수동적인 성향을 보이는 특징이 있습니다.

셋째는 방임형 양육 스타일입니다. 여기에 속하는 부모들은 자녀가 요구하는 것은 무엇이든 수용하거나 아이들의 의사에 끌려 다니는 성향이 있습니다. 아이들의 자율성을 발달시킨다는 장점이 있기도 하지만, 극단적으로는 부모의 의사나 개입이 일어나지 않아 대개의 아이들이 인격적으로 미성숙하거나 낮은 책임감을 보이기도 합니다.

넷째는 무관심형 양육 스타일입니다. 이는 방임적 양육 스타일의 또 다른 형태로 아이들의 놀이나 교육에 무관심하거나 아예 참여하지 않는 경우입니다. 부모의 무관심 속에 자란 아이들은 여러 연구 결과 신체적·인지적·사회 정서적 발달에서 상대적으로 낮은 자존감을 보이는 것으로 나타났습니다.

하지만 많은 부모들의 양육 스타일을 한 가지로 규정하기는 어렵습니다. 한 개인의 특성을 한 가지 범주로 설명하기에는 분명 한계가 있기 때문입니다. 심바의 아빠인 무파사의 경우를 보면 권위적 양육 태도와 독재적 양육 태도가 조화되어 나타난다는 것을 알 수 있습니다. 저의 박사 논문 연구에서는 아빠의 양육 참여 정도가 높으면 높을수록 아이들의 사회적 유능감이 뛰어났으며, 그중에서도 특히 권위적 스타일과 독재적 스타일이 잘 조화된 양육 태도를 가질 때 아이들의 사회적 유능감 점수가 가장 높게 나타났습니다. 이는 아이들의 의견을 잘 듣고 반응하는 것도 중요하지만 아이들의 잘못된 말과 행동에 대해서는 단호하게 훈계하는 것 또한 중요하다는 것을 의미합니다. 아울러 이 두 가지 양육 태도를 동시에 가지고 있는 아빠들은 아이들의 학업과 진로에 대해서도 항상 준비하고 격려하며 비전을 이끌어가는 리더십을 가지고 있는 것으로 나타났습니다.

제 연구 결과는 미국에 거주하는 중국 부모들을 대상으로 연구한 수(Xu, 2007)의 선행 연구와도 유사한 부분이 있었습니다. 아이들과 친근한 아빠들이 때로는 엄격하게 아이들을 훈계하고 훈육할 때 아이들의 학업 성취도와 사회성이 좋다는 결과를 보여주었습니다. 동양에서 온 유학생들이나 이민 2세대들 가운데 다수가 미국의 명문 대학에 진학하고 사회적으로 성공하는 점에 대해 미국 사회와 교육계가 주목하고 있습니다. 여기에는 다양한 원인과 견해가 따르겠지만, 제 생각에는 동양의 유교적 전통과 미국 사회의 민주적 양육 분위기를 반영한 부모들의 양육 태도에 가장 큰 이유가 있지 않나 싶습니다.

따라서 가장 이상적인 아빠는 친구 같은 아빠와 권위 있는 아빠가 잘 조화될 때라고 할 수 있습니다. 다음은 〈라이온 킹〉에 등장하는 아들 심바와 아빠 무파사가 이야기를 나누는 장면입니다.

[장면 1]

심바: 아빠, 오늘은 바깥에 나가서 사냥하는 법을 알려주기로 했잖아요. 일어나세요, 일어나세요!

무파사: 여보, 애 좀 어떻게 해봐요.

세라비(엄마): 해가 지면 제가 아이를 돌보고, 해가 뜨면 당신이 돌보기로 했잖아요. 지금은 당신이 아이를 돌볼 시간이에요.

(무파사는 눈을 비비며 하품을 하고 아들 심바와 초원으로 나간다. 초원 여기저기서 영양, 사슴 무리들이 뛰어다닌다)

심바: 아빠, 우리가 저것들을 잡아먹을 수 있어요?

무파사: 그럼, 그럼. 우리는 사슴을 잡아먹고, 우리는 죽어서 이 초원의 풀이 되고, 사슴은 다시 이 풀을 뜯어먹으며 살게 되지. 그것이 자연의 섭리란다.

(이때, 무파사의 개인 비서인 사수가 아침 브리핑을 하기 위해 심바와 무파사에게로 왔다. 사수의 브리핑이 끝나고)

무파사: 심바, 지금 뭐하니?

심바: 사냥 연습이요.

무파사: 사수, (바위 위에서) 뒤돌아 앉아 있어봐.

사수: 왜요?

무파사: 아들 사냥 연습 좀 시키려고.

사수: 사냥 연습이요? 좋죠. 사냥 연습. 사냥 연습……. 뭐요? 사냥 연습이요? 안 돼!!!

(심바가 사수를 덮친다)

이 장면은 자녀 양육에서의 아빠와 엄마 역할을 잘 설명하고 있습니다. 전통적으로 밤이 되어 아이를 씻기고 먹이고 재우는 일은 엄마가 맡고, 날이 밝으면 아버지가 아들을 데리고 나가 대자연의 섭리를 설명하고 사냥하는 법과 살아가면서 필요한 여러 기술들을 가르쳐왔습니다. 이는 우리에게 너무도 익숙한 엄마 아빠의 역할입니다. 원시 시대부터 대대로 내려오는 아빠와 엄마의 역할을 단적으로 표현한 장면이라고 할 수 있습니다.

[장면 2]

(심바와 사수, 심바의 여자 친구인 나라는 코끼리 무덤에서 하이에나 무리를 만나 급습을 당해 위기에 처한다. 절체절명의 순간에 나타난 무파사의 도움으로 하이에나 무리는 물러가고 심바와 무파사, 나라와 사수만 남는다)

무파사: 사수, 나라를 데리고 집으로 돌아가라.

사수: (심바를 바라보며) 행운을 빈다, 심바.

(무파사가 큰 소리로 심바를 부른다. 무파사의 발자국을 따라가다 아버지의 크고 힘 있는 발자국에 비해 초라한 자신의 모습을 발견하고 위축된다)

무파사: 심바, 나는 너에게 정말 실망했어. 나의 경고를 무시하고 가지 말라는 곳에 가 위험한 지경에 처하게 만들었다, 나라까지도.

심바: (울먹이며) 나도 아빠처럼 용맹해지고 싶었어요.

무파사: 용맹하다는 게 위험한 상황을 만들라는 말이 아니지 않니? 사실 나도 두려웠단다.

심바: 아빠도 두려웠다고요?

무파사: 그럼, 오늘 너를 잃을까봐 많이 두려웠어.

심바: 정말이요? 아빠, 아빠랑 저 친구 맞죠?

무파사: (호탕하게 웃으며) 그럼, 그럼!

(무파사와 심바, 한바탕 뒹굴며 장난을 친다)

무파사: 심바, 저 하늘의 별을 보렴. 왕은 죽어서 저기 빛나는 별이 되어 자기 아들을 지켜준단다. 기억해라. 아빠도 너를 끝까지 지켜줄 거야.

심바의 롤모델, 마음속의 영웅은 바로 아빠 무파사입니다. 용맹한 지도자로, 한 가정의 가장으로서 무파사는 심바의 마음속에 깊이 자리 잡고 있습니다. 심바는 아빠의 용맹함을 배우고 싶었고 흉내 내고 싶었습니다. 그러다가 자신의 나약한 현실을 깨닫고 좌절합니다. 이 장면에서 눈여겨볼 부분은 용맹한 리더임에도 아들 앞에서 솔직하게 자신의 두려움을 고백하는 용기입니다. 아빠 역시 자신의 고민과 솔직한 심정을 아들에게 털어놓음으로써 둘 사이에 더욱 끈끈한 동질감과 유대감을 만들었습니다. 아빠는 나의 가장 친한 친구이자, 나를 지켜주는 든든한 후원자라는 사실을 깨달으면서 아들 심바는 그런 아빠와 함께라면 두려울 것도, 무서울 것도 없다는 자신감을 갖게 됩니다. 더구나 아빠가 죽어서까지 나를 지켜주고 보호해준다니 이보다 더 든든하고 값진 믿음이 어디 있겠습니까.

[장면 3]
(스카의 계략으로 무파사는 위기에 처한 심바를 구하려다 스카에게 처참하게 살해당하고 맙니다. 스카는 죄책감에 빠진 심바에게 도망가서 다시는 돌아오지 말라며 그를 멀리 떠나보냅니다. 하이에나의 공격을 간신히 피해 멀리 도망간 심바는 아픈 과거는 잊은 채 친구 티몬과 품바와 함께 벌레와 지렁이를 잡아먹으며 편안하게 살아갑니다. 그러던 어느 날 심바는 옛날 친구 나라를 만나 고향이 폐허가 되었다는 소식을 듣게 됩니다. 고향으로 돌아가 스카와 하이에나 무리를 축출하고 새 왕국을 건설하자는 나라의 제안에 심바는 고민합니다. '과연 내가 돌아가서 스카와 하이에나와 대적해 이길 수 있을까? 나는 아버지를 죽인 죄인인데, 어떻게 내가 왕위를 계승할 수 있지? 난 못해, 난 못해!' 그렇게 갈등하고 있을 때 늙은 원숭이 라피키가 나타나더니 심바를 데리고 가 아버지를 만나게 합니다)
라피키: 심바, 이 연못 안을 들여다봐.

심바: (잠시 들여다보고는 금세 실망하며) 연못에 비친 건 내 모습이군요.

라피키: 좀 더 자세히 들여다보렴.

(바람이 불고 천둥이 치더니 멀리서 아버지 무파사의 음성이 들려온다)

심바: 아버지!

무파사: 심바, 심바, 너는 나를 잊었다.

심바: 아뇨. 제가 어떻게 아버지를 잊을 수 있겠어요?

무파사: 심바, 네가 누구인지 잊는다는 것은 곧 나를 잊은 것이다.

심바: 아버지, 제가 어떻게 해야 하죠? 어떻게 악의 무리와 싸워야 하죠?

무파사: 심바, 네가 누군지 기억해라. 너는 유일하고 의로운 미래의 왕이다. 다시 말하지만 네가 누구인지 기억해…… 기억해…… 기억해…….

심바는 아버지를 죽게 했다는 죄책감으로 사자의 삶을 버리고, 지렁이와 딱정벌레에 만족하며 하루하루를 살아가는 평범한 동물의 삶을 선택했습니다. 사자의 정체성을 잊어버린 심바는 자신이 누구인지, 앞으로 어떻게 살아가야 하는지 삶의 방향을 잊어버린 것입니다. 그때 까마득히 잊고 있던 아버지에게 인도되었고, "아들아, 네가 누구인지 잊었느냐, 네가 누구인지를 기억해라. 너는 유일하고 의로운 미래의 왕이다"라는 아버지의 말에 심바는 고향으로 돌아가기로 결심합니다. 수년간 누구도 바꾸지 못했던 심바의 마음을 비로소 움직이게 한 것입니다.

　아빠에게는 아이의 마음을 움직이게 하는 큰 힘이 있습니다. 엄마와 지내는 시간이 많은 아이들은 엄마가 자주 이야기를 해서인지 몰라도 엄마의 충고를 잔소리로 들어 넘기기 일쑤입니다. 하지만 이런 아이들도 아빠의 힘 있고 권위 있는 말에는 사뭇 다르게 반응합니다. 아무리 좋은 이야기도 지나치게 자주하면 잔소리가 되고, 아예 하지 않으면 무관심이 되고 맙니다. 만약 아이에게 꼭 주지시켜야 할 사항이 있다면 핵심만 요약해 아빠가 굵고 짧고 강하게 전달해보세요. 아이에게 강한 자극이 될 것입니다.

눈을 맞추면
아이의 마음이 열린다

미국을 비롯한 서구 사회와 한국 사회의 대표적 차이점 중 하나는 눈맞춤 문화가 아닐까 합니다. 여러분도 저처럼 어려서부터 어른이나 선배를 대할 때면 항상 눈을 똑바로 보지 말고 얼굴의 하단을 바라보거나 가슴을 바라보라고 교육받은 기억이 있을 것입니다. 어쩌다 어른이나 선배들을 대할 때 눈을 바라보고 이야기를 하면 건방지다거나 도전으로 받아들여지기도 했지요. 이런 문화에 길들여지다 보니 미국에서 지낸 12년간의 유학과 직장생활에 불편함이 참 많았습니다.

박사과정 중 지도 교수와의 면담 시간에 있었던 일입니다. 그분은 60대 초중반의 노교수였고 항상 부족한 제게 용기를 주고 미래에 대한 믿음과 확신을 주시는 고마운 분이셨지요. 면담이 끝날 즈음 제게 "근규, 자네에 대해 평소 갖고 있던 내 생각을 좀 이야기해도 될까?" 하고 물으시더니 이렇게 말씀하셨습니다.

"자네가 나와 눈을 마주치지 않고 이야기를 해서 처음엔 영어로 답변할 자신이 없어서 그런 줄 알았네. 미국 사회에서는 눈을 마주치지 않는 것은 상대방과 이야기하고 싶지 않은데 억지로 한다는 인상을 주기도 하지……. 한국 대학원생 제자들을 가르친 적이 있어서 윗사람과 눈을 마주치는 게 한국 사회에서는 결례로 받아들여진다는 이야기를 들은 적이 있긴 해. 그렇더라도 미국에서는 대화할 때 상대방과 눈을 마주치지 않으면 상대방이 나를 속인다고 오해하거나 나의 이야기에 관심이 없거나 존중하지 않는 것으로 받아들인다네. 앞으로 나와 이야기할 때는 꼭 눈을 마주쳤으면 좋겠네."

교수님의 이야기를 들은 후 저는 오래된 습관을 고치려 노력했습니다. 이제는 눈을 맞추는 게 오히려 더 자연스럽고 익숙한 일이 되었지요. 그리고 분위기가 어색하면 웃는 것도 함께 배우게 되었습니다.

아이가 태어나면 부모는 아이와 눈을 맞추며 대화를 시도합니다. 아이에게 눈을 맞추고 아이의 반응을 살피는 것은 부모의 커다란 즐거움 중 하나입니다. 생후 6주에서 8주가 지나면 신생아들은 부모의 얼굴 윤곽을 인지하게 되고 3개월쯤 되면 비로소 눈도 맞추게 됩니다. 이때 아이들은 다른 어느 곳보다도 부모의 눈을 보기를 좋아합니다.

교황 요한 13세는 "사람이 상대방과 눈을 마주하는 것은 마음과 마음이 오가는 통로를 만드는 것"의 의미라고 했습니다. 서양에서 눈은 영혼의 세계로 들어가는 창이라고 말합니다. '눈은 마음의 창'이라고 말하는 우리의 정서와 같은 맥락입니다. 서양 사회에서는 오래

전부터 상대방의 눈을 거리낌 없이 볼 수 있다는 것은 정직함과 자신감, 신뢰를 표하는 의미로 받아들였습니다.

현대 유아 교육에 큰 영향을 미친 몬테소리 유아 교육 프로그램에서 강조하는 핵심 단어 중 '잘 준비된 환경Well prepared environment'이라는 말이 있습니다. 이 개념에는 교사와 아이들이 이야기를 나누기 전 서로 눈높이를 맞추는 것도 포함됩니다. 이는 단순히 물리적 눈높이를 맞추는 것만이 아니라 아이의 생각과 견해를 존중하고 잘 듣겠다는 데 더 큰 의미가 있습니다. 수업 시간에도 마찬가지입니다. 교사는 아이 한 명 한 명과 눈을 맞추고 아이들의 이야기에 주의와 관심을 기울입니다.

아빠와 아이의 경우도 마찬가지입니다. 서로 눈을 맞추는 것에서부터 상호관계가 시작됩니다. 아이가 점점 자라나면서 아이를 들어 올리기도 하고 함께 책을 보고 놀이를 하는 등의 모든 활동의 핵심에는 눈을 맞추는 행위가 포함됩니다. 아이가 아빠의 허리 정도 닿을 만큼 키가 자라면서부터는 아빠는 무릎을 구부리고 아이와 눈을 맞추게 됩니다. 그러면서 점차 아빠와 아이는 교감의 눈빛을 통해 서로의 기분과 감정 상태, 그리고 마음까지 읽게 됩니다.

테네시 대학교 의과대학의 캠벨Ross Campbell 박사는, 아빠들은 아이들과의 눈맞춤에 그리 익숙하지 않기 때문에 이를 잘하려면 연습이 필요하다고 말합니다. 어느 날 갑자기 아이와 눈을 맞추고 강한 메시지를 보낸다고 교감이 이뤄지지는 않으니까요. 눈맞춤은 자연스럽게 그리고 편안한 분위기 속에서 점진적으로 이뤄져야 합니다.

특히 아이가 어떤 문제 행동을 보이면 부모들은 마음이 조급해지기 마련입니다. 그렇다고 무작정 눈을 맞추고 아이를 다그칠 수는 없는 일입니다. 그럴 때는 아이의 문제점을 잘 기록했다가 아이와 마주 앉아 서로의 눈을 보며 차근차근 이야기를 풀어나가려는 노력이 필요합니다. 물론 아이의 생활 습관을 바로잡기 위해서는 부모 자신이 바른 생활 습관을 가지려는 노력이 선행되어야 하겠지요.

특히 산만한 아이들일수록 눈맞춤을 통한 교감 훈련이 필요합니다. 하지만 이 또한 부모의 영향이 크다는 사실을 간과할 수 없습니다. 아빠 스스로 자신이 부산하고 산만한 삶을 살고 있지는 않은지 돌아봐야 할 일입니다. 산만한 아이들에게는 잔소리나 명령, 위협 등의 교육 방식은 적합하지 않습니다. 오히려 아이의 마음속에 거부의 감정을 싹틔울 뿐입니다. 아이에게 아빠의 생각을 이야기하고 무언가 요구하며 중요한 메시지를 전하고 싶다면 소파나 의자에 마주 앉아 서로의 눈을 보면서 분명하고 확실한 어조로 말해야 합니다. 그리고 아빠의 메시지를 전하는 것에만 급급하기보다 그에 앞서 아이의 마음과 생각을 살펴야 한다는 점을 명심해야 합니다.

가끔은 아이에게
아빠의 고민을 털어놓자

앞서 아빠와 자녀관계는 수직과 수평이 잘 조화되어야 한다고 말씀 드린 바 있습니다. 아이들이 올바르게 성장하려면 본인이 경험하고 직면한 문제들에 대해 의논할 상대가 필요합니다. 특히 아이들의 첫 고민 상담자가 어떤 사람인지는 매우 중요합니다. 처음으로 고민을 털어놓은 상대가 편하게 자신의 이야기를 들어주고 좋은 해결책을 제시해 성공적으로 문제를 해결했다면, 아이는 다음에도 그 사람을 고민 상담자로 찾을 가능성이 높습니다.

보통 아들은 아빠에게, 딸은 엄마에게 고민을 털어놓는 경우가 많습니다. 하지만 오히려 이성의 부모가 대화 상대로 적절한 경우가 꽤 많습니다. 이는 아이들의 성향이나 부모의 성향에 따라 얼마든지 다를 수 있습니다. 또한 아이들은 부모와의 대화를 통해 문제가 해결되지 않을 때는 또래 친구들을 상담의 대상으로 삼기도 합니다. 더러는 아예 처음부터 부모가 아닌 친구를 찾는 아이들도 있습니다. 서로에 대해 이해하고 공감하는 부분이 훨씬 크기 때문입니다. 하지만 그런 경우 문제의 전반적인 해결보다는 일시적이고 부분적인 해결밖에 되지 않는다는 점과 심지어 문제 해결을 위해 그릇된 선택을 할 수도 있다는 단점이 있습니다.

우리는 살아가면서 수없이 많은 고민에 직면합니다. 그때마다 적절한 대화 상대를 만나 인생의 짐을 나누는 사람이 있는가 하면, 그럴 만한 대상이 아무도 없어 혼자 전전긍긍하는 사람도 있습니다. 고민을 나눌 대상 하나 없다는 것, 이보다 더 외롭고 쓸쓸한 일은 없을 것입니다.

초등학교 졸업식 때의 일입니다. 가족 중 누구도 참석하지 않은 졸업식이었습니다. 제가 우등상을 받지 못해 부끄럽다는 게 불참의 이유였습니다. 선생님에게 촌지를 주거나 시험 때 부정행위를 한 아이들이 우등상을 받고 가족들로부터 꽃다발과 축하를 받는 모습을 보면서 어린 제 마음속에 분노가 싹텄습니다. 가족에게 이야기를 했지만 누구 하나 제 말에 귀 기울여주는 사람도, 제 마음을 헤아려주는 사람도 없었습니다. 태어나 처음으로 분노와 좌절, 절망을 느꼈고, 그 엄청난 감정 상태를 고스란히 저 혼자 견뎌야 했습니다. 그렇게 깊은 내상을 입은 뒤로는 억울한 일을 당하거나 해결해야 할 문제가 생겨도 가족과 상의할 마음이 생기지 않았습니다. 점점 저만의 성에 갇혀 늘 위축되고 주눅 든 아이가 되어갔지요. 이후 마음을 나눌 만한 친구를 만나 서서히 마음을 열기 전까지 악몽 같기만 한 졸업식의 기억은 제 머릿속에서 떠나지 않았습니다.

최근에 한 아빠가 아이의 자살을 막았다는 기사를 본 적이 있습니다. 학교에서 왕따를 당하던 아이는 그날 아침 학교에 가면서 "엄마 아빠 안녕히 계세요!"라고 인사를 했고, 이를 주의 깊게 살핀 아빠는 급히 담임에게 연락을 했습니다. 집단 따돌림과 학교 폭력으로 몸과 마음이 상처투성이가 된 아이는 결국 극단의 선택을 하기로 마음을 먹은 것입니다. 아이는 유서를 써놓고 학교 옥상으로 올라갔지만 아빠의 연락으로 실행에 옮기지는 못했습니다. 아빠의 세심한 관찰과 행동이 있었기에 참극을 막을 수 있었던 것이지요.

아이의 표정이 어두워 보인다면 무슨 고민이 있는지, 학교에서 별일은 없었는지 말해줄 수 있느냐고 물어보세요. 누군가 나의 이야기에 관심을 기울여 잘 들어주는 것만으로도 고민의 반이 해결된 것처럼 느껴집니다. 그리고 "많이 힘들었겠구나. 이야기하기 힘들었을 텐데 아빠한테 말해줘서 고맙다"라고 말하며 그동안 힘들었을 아이를 꼭 안아주세요. 그것만으로도 아이에게는 큰 위로가 됩니다. 그런 다음 문제 해결을 위해 아빠가 할 수 있는 일과 아이가 할 수 있는 일에 대해 서로 이야기하다 보면 십중팔구 좋은 해결책이 생겨납니다.

이는 아이의 경우에만 해당되는 이야기가 아닙니다. 고민으로 치자면 부모가 훨씬 더 많지요. 하지만 대부분의 부모는 자신의 고민을 자녀와 나누기를 주저합니다. 아이들을 대화의 파트너로 생각하지 않기 때문이기도 하고, 아이들이 부모의 고민을 어떻게 받아들일지 걱정과 염려가 앞서기 때문이기도 합니다. 하지만 아이들도 때로는 엄마 아빠의 고민 상담자가 될 수 있습니다. 직접적인 문제 해결이나 대안을 제시하는 데는 한계가 있겠지만, 아이들이 부모의 고충을 알게 되고 고민을 공유하려는 노력들이 문제를 해결하는 열쇠가 될 때도 있습니다. 아이들은 부모와 마음을 주고받을 준비가 되어 있는데, 정작 부모가 마음의 문을 열지 않는다면 이 또한 문제입니다. 아이나 어른이나 상대가 지나치게 빈틈이 없어 보이면 속내를 주고받기가 어렵습니다. 특히 아빠들은 가족들 앞에서 만큼은 약한 모습을 보이고 싶어 하지 않습니다. 하지만 너무 완벽한 아빠는 아이들에게 열등감을 줄 수도 있고, 자칫 위선적인 사람으로 보일 수도 있습니다. 아빠의 실수와 아빠의 고민을 아이에게 이야기할 때 아이들은 실망하기보다 오히려 인간미를 느끼게 될 것입니다.

저 역시 아이에게 고민을 털어놓을 때가 있는데, 가끔은 깜짝 놀랄만한 답변이 돌아올 때가 있습니다. "아, 그랬구나. 그런 일이 있었으면 진작 말을 하지. 그래도 너무 걱정 마요. 진하가 있잖아요. 다 잘 될 거야. 아빠, 파이팅!" 그러고는 하이파이브를 하자며 손을 내밀고는 "이제 그만 다시 자전거 타러 갈까요?"라며 앞서 뛰어갑니다. 그런데 신기하게도 아이의 그런 모습을 마주하노라면 가슴을 짓누르고 있던 돌덩이 하나를 내려놓은 것처럼 정말로 마음이 가벼워집니다. 아이가 제게 해준 말들은 어쩌면 엄마 아빠가 자기에게 했던 말을 듣고 배운 것일지도 모릅니다. 아니면 동화책이나 만화영화를 보며 배운 것을 응용한 것인지도 모르지요. 어쨌든 아이에게 상대방을 위로하고 배려할 수 있는 마음이 생겨나고 있다는 것은 아이를 키우며 얻는 큰 보람이 아닌가 합니다.

보통 아이들은 첫돌을 지나면서 부모의 말과 행동에 담긴 의미를 파악하고 이해하기 시작하며, 점차 부모의 행동에 적응하려는 노력을 보입니다. 이때 부모들은 적절하고 일관적이며 융통성 있는 반응을 보여야 합니다. 아이들은 자신이 보내는 신호에 부모가 민감하게 반응하는 것을 경험하면 우선 부모를 믿을 만한 대상으로 판단하고 신뢰감을 형성합니다. 그 신뢰감을 바탕으로 다른 사람의 감정을 느끼고 공감하는 능력을 획득하는 것입니다.

이때 부모는 아이들의 말과 행동을 세심하게 관찰하고, 아이가 보내오는 신호가 적절하지 못하다고 판단될 때는 바로잡아주어야 합니다. 예를 들어 아이가 "쓰레기 트럭이 무서워요!"라고 말한다면 "아, 그래? 쓰레기 트럭이 왜 무서울까?"라고 물음으로써 아이의 감정과 기분에 공감해주는 것입니다. "움직일 때 소리가 너무 커서 위험한 것 같아요. 트럭이 지나가고 나서 가면 안 될까요?"라고 말하면 "쓰레기 트럭이 많이 무서운 모양이구나. 그럼 트럭이 다 지나간 다음에 가도록 하자!"라고 말해주는 것입니다. 아이가 불안과 공포를 느끼면 그 이유를 헤아려 위로해주고 아이들의 요구를 따뜻하게 감싸주는 배려가 필요합니다.

아이들이 자신의 말과 요구가 부모에게 잘 받아들여지고 있다고 믿으면, 아이들은 부모와 공감의 폭을 훨씬 크게 넓혀갈 수 있습니다. 다른 사람의 감정을 있는 그대로 느끼고 공감하는 능력이야말로 살아가면서 갖춰야 할 소중한 미덕입니다. 혹자는 이를 감성지능EQ의 일부라고도 합니다. 공감 능력은 소통 능력으로 이어져 이타적인 행동으로 발전하게 됩니다. 이 같은 친사회적 기술은 아이들이 지금 자신이 속한 그룹에서는 물론 앞으로 자신이 활동할 사회에서 리더로 성장하는 데 매우 중요하게 작용할 것입니다.

아이와 단짝 친구가 되는 6가지 방법

어릴 때 감명 깊게 읽었던 책 중 『아낌없이 주는 나무』가 있습니다. 한 그루의 사과나무와 소년의 이야기가 담긴 내용으로 많은 분들이 기억하는 책일 것입니다.

  소년은 매일 사과나무와 함께 놀았습니다. 둘은 더없이 친한 친구였습니다. 하지만 사과나무와 노는 게 더 이상 재미있지 않자 소년은 즐거움을 찾아 떠났고 나무는 혼자인 시간이 많아졌습니다. 어느 날 다시 찾아온 소년은 돈이 필요하다고 말했고 나무는 자신의 사과를 내어주었습니다. 얼마 후 다시 찾아온 소년은 집이 필요하다고 말했고 나무는 자신의 가지를 내어주었습니다. 나이가 들어 찾아온 소년은 멀리 여행이 떠나고 싶다고 말했고 나무는 자신의 기둥을 베어 배를 만들라고 했습니다. 오랜 세월이 흘러 노인이 되어 찾아온 소년에게 나무는 편히 앉아 쉬기에는 밑동이 최고라며 자신의 밑동을 내어주었습니다.

나이가 들어 저 역시 아버지가 되고 나니 소년을 향한 사과나무의 마음이 아낌없이 내어주는 부모의 자화상이라는 생각이 들었습니다. 자기희생과 고통을 참아내며 한순간도 원망하는 일 없이 소년을 후원하고 격려하는 사과나무의 모습에서 아빠의 역할이 어때야 하는지를 되새기게 됩니다. 아빠는 아이에게 좋은 친구이자 인생 선배로서 길을 안내하고 끊임없이 아이를 격려하고 후원하는 사람입니다. 그렇다고 아빠의 일방적 희생을 강요하는 것은 아닙니다. 훌륭한 말은 자신의 기수를 짐으로 생각하지 않습니다. 오히려 자신과 함께하는 동료이자 또 다른 '나'라고 생각합니다.

많은 아빠들이 아이와 대화하기 위해 어떻게 접근해야 하는지, 어떤 놀이를 해야 하는지 고민합니다. 그렇다면 어떻게 해야 아빠와 아이가 좋은 관계를 만들고 유지할 수 있을까요.

첫째는 아이의 관심사가 무엇인지, 무엇을 좋아하고 무엇을 싫어하는지 구체적으로 알아야 합니다. 이때 아이와 친밀하거나 아이를 잘 아는 사람의 도움을 받는 것도 좋은 방법입니다. 아이가 좋아하는 장난감과 책, 그리고 좋아하는 음식을 알아두면 훨씬 효과적입니다.

둘째는 아이들과 신나는 놀이 경험을 공유하는 것입니다. 앞에서도 여러 차례 말씀드렸듯이 아이들과 신체를 접촉하며 노는 것만큼 빠르고 큰 효과도 없습니다. 놀이 방법이나 놀이에 대한 지식이 부족하다면 자신이 어릴 적에 했던 놀이를 떠올려보면 됩니다. 쉽고 편한 놀이가 아이와의 친근감을 키우는 데 효과적입니다.

셋째는 동심으로 돌아가는 것입니다. 아이가 쓰는 말과 행동에 눈높이를 맞추면 서로의 거리를 좁힐 수 있습니다. 그러기 위해서는 아이의 말투와 아이에게 친숙한 단어에 익숙해질 필요가 있습니다. 저 역시 아이와 함께 '뽀로로'나 '로보카 폴리', '꼬마버스 타요', '코코몽'이나 '부릉 부릉 부르미즈' 같은 프로그램을 보며 캐릭터들의 말과 표현들을 눈여겨보았다가 아이와 놀이를 할 때 사용하곤 합니다.

넷째는 성별에 얽매이지 않는 것입니다. 남자는 요리 놀이를 해서도 안 되고 인형을 가지고 놀아서도 안 되며 빨강이나 핑크색 옷을 입어서도 안 된다는 식의 대화는 아이들의 사고를 편협하게 하거나 바람직하지 않은 성 역할을 고착화시킬 뿐입니다. 여자아이의 경우도 마찬가지입니다. 자동차나 기차놀이, 공놀이나 좀 거친 놀이를 한다고 못하게 할 이유는 어디에도 없습니다. 그보다는 아들 딸 구별 없이 모두에게 다양한 놀이 경험을 선물하려 애쓰세요. 급변하는 현대 사회에서 규정된 남성과 여성의 역할은 없습니다. 한 가지의 역할보다는 다양한 역할과 유연한 사고를 요구하기 때문입니다. 다양성과 유연한 사고는 아이들이 초기에 경험하는 놀이와 관계에 의해 좌우됩니다. 그러므로 아이들의 삶의 폭을 넓혀주기 위해서는 좀 더 자유롭고 편안한 놀이 환경을 제공해줄 필요가 있습니다.

다섯째는 약속의 중요성입니다. 아이에게 약속의 중요성을 알려주려면 아빠가 모범을 보여야 하는 것은 당연합니다. 지키기 어려운 약속은 하지 않으며, 한번 한 약속은 반드시 지키고, 이를 어겼을 때는 사과하고 용서를 구해야 합니다. 그리고 약속을 잘 지켰을 때는 칭찬과 격려를 아끼지 않는 것도 중요합니다. 그것이 아빠도 아이도 어디에서든 떳떳하고 당당할 수 있는 방법입니다. 작은 신뢰 하나하나가 모여 서로의 신뢰가 깊어진다는 사실을 명심해야 합니다.

여섯째는 아빠 자신의 성향에 대한 충분한 이해입니다. 아빠에게는 권위적이고 공격적인 전사의 속성, 가르치려는 속성, 따뜻하게 안아주고 위로하는 속성, 친구 같은 친근함의 속성 등 다양한 속성이 내재되어 있습니다. 현실에서 어떤 인격과 속성이 더 두드러지게 나타나느냐에 따라 개개인의 인성이 다르게 비춰집니다. 아빠들을 대상으로 한 심리 상담의 첫 시간은 자신의 인격의 속성을 분석해보는 것입니다. 그럼으로써 강점은 살리고 각각의 아빠들에게 적합한 자녀 양육 모델을 제시하게 됩니다.

예를 들면 이렇습니다. "당신에게는 자녀를 따뜻하게 안아주고 위로하는 속성이 많이 부족합니다. 반대로 공격적 성향이 강해 아이를 함부로 대하고 말과 행동이 거칠게 표현되는 경우가 많습니다. 다음 시간에는 다정다감함을 증진시키는 방법과 기술에 대해 연습하겠습니다. 그다음 세션에는 공격적 전사의 속성을 순화시키는 심리 치료를 실시하고, 또 전사의 속성을 긍정적인 방법으로 활용해 당신만의 장점으로 바꾸어줄 수 있도록 아이와 함께할 수 있는 스포츠나 아웃도어 활동에 대해 알려드리도록 하겠습니다."

친구 같이 친근한 아빠도 좋지만 아빠로서의 권위를 잘 유지하는 것도 중요합니다. 역사에 남을 만한 훌륭한 사람들은 유머와 친근함, 그리고 진지함과 위엄을 동시에 지녔습니다. 이는 오늘날의 리더에게도 마찬가지입니다. 이는 양날의 검과도 같아서 한쪽으로 치우쳐버리면 아이와의 관계를 오히려 악화시킬 수 있습니다. 아이에게 지나치게 격의 없이 대하면 자칫 버릇없고 이기적인 아이로 성장하게 됩니다. 반대로 지나치게 권위와 위엄을 앞세워 군림하고 지시하려들면 수동적이거나 반항심이 가득한 아이로 성장하게 됩니다.

아빠와 아이들 간에는 반드시 위계질서가 있어야 합니다. 하지만 한쪽이 다른 한쪽을 지배하고 군림하는 형태여서는 곤란합니다. 아빠는 반드시 이래야 하고, 아이들은 반드시 저래야 한다는 고정관념에 사로잡혀서는 건강한 부모-자녀관계를 만들어가기 어렵습니다. 지나친 간섭이나 장황한 설교도 아이들에게는 도움이 안 되지만, 아이의 고집에 끌려 다니며 오냐오냐 다 받아주는 것도 곤란합니다. 그래서 현명한 아빠에게는 굳건한 철학과 소신이 있어야 합니다.

TIP 7 가정을 움직이는 힘, 유머!

제가 경험하고 있는 미국 사회는 유머를 참 중시하는 곳입니다. 근무하는 대학교의 총장도, 학장도, 학과장도 중요한 회의를 시작하기 전에 당연한 듯 유머를 한마디씩 합니다. 심각한 의제를 다루는 회의임에도 불구하고 좌중의 폭소를 이끌어냄으로써 모든 참석자들의 긴장을 풀어주고 친근감도 표시하는 것입니다.

함께 웃을 수 있다는 것은 삶의 또 다른 표현이며 함께 공유할 게 많다는 것을 의미합니다. 웃음이 없는 가정은 무미건조하기 이를 데 없습니다. 집에만 들어서면 숨이 막힐 것 같은 무거운 분위기 속에서의 공격적이고 불안한 상황은 어린아이들의 마음과 인격을 파괴하는 가장 무서운 적입니다. 이런 분위기를 가장 쉽게 바꿀 수 있는 사람은 아빠입니다. 그런데 만약 아빠가 유머 감각이 없는 사람이라면 다른 방법을 찾아야 합니다. 노래나 춤도 집안의 화목한 분위기 연출을 위해 좋은 방법입니다. 아무런 노력도 하지 않기보다는 가정의 분위기를 위해 작은 시도라도 해보는 것은 어떨까요.

유치원 교사로 근무하던 시절, 매주 월요일이면 아이들과 주말 동안 지낸 이야기를 나누었습니다. 가족과 보낸 이야기, 재미있게 읽은 책, 여행한 이야기 등을 친구들과 나눌 기회를 주었습니다. 또 한 달에 한 번 아이들의 생일잔치에는 생일을 맞은 친구들을 축하해주는 시간도 가졌습니다. 아이들은 이 시간들을 통해 자신의 장기나 특기를 뽐내기도 합니다. 그런데 여러 가지 재주를 가진 아이들 중에서도 가장 인기 있는 아이는 바로 넘치는 유머 감각으로 웃음을 선물하는 아이입니다. 생기를 불어넣는 비타민과도 같은 존재인 것이지요. 그런 아이들의 주변에는 항상 친구들이 북적거립니다. 다른 아이들을 괴롭히는 경우도 드물고, 인기투표에서도 늘 상위권을 차지합니다. 유머 감각이 있는 아이들은 좌중을 압도하는 능력이 탁월해서 점점 리더십이 강해지는 것을 확인할 수 있었습니다.

'영우'라는 아이가 있었습니다. 항상 선생님과 아이들에게 웃음을 안겨주어 친구들에게 인기도 많고 리더십도 있는 아이였지요. 아버지 참여 수업이 있던 어느 날, 영우의 아버지도 자리를 함께 했습니다. 그런데 어린 친구들에게 동화를 들려주는 영우 아버지의 위트와 재치에 그곳에 있던 모든 아이들과 어른들이 배꼽을 잡고 웃느라 난리가 난 것입니다. 순발력을 발휘해 동화의 내용을 각색하고 다양한 캐릭터를 만들어 목소리를 흉내 내며 얼마나 실감 나는 연기를 보여주었던지 감탄사가 절로 나왔습니다. 수업이 끝나고 영우의 아버지에게 그 비결을 물었습니다. 아버지의 대답은 이랬습니다.

"아이가 어릴 때부터 거의 매일 자기 전에 동화책을 함께 읽었어요. 처음에는 동화책의 내용에 따라 구연하기 바빴는데, 몇 년간 계속하다 보니 이것저것 재미있는 요소를 찾아 나름대로 각색을 하기도 하고 제 생각을 넣어보는 시도도 하게 되었죠. 다행히 아이와 저의 유머 코드가 맞았고, 제 이야기를 재미있게 들어준 결과죠. 그리 대단한 재주도 아닌데 선생님께서 그렇게 말씀하시니 부끄럽네요."

결국 영우 아버지는 원래 가지고 있는 유머 감각에 매일 반복된 훈련을 통해 자기만의 웃음 코드를 만들어낸 것입니다. 영우 아버지는 평소 아이를 야단쳐야 할 상황에서도 간단한 유머를 섞어 이야기하면 아이에게 상처가 되지도 않고 아빠 말을 더 잘 따르더라는 이야기도 덧붙였습니다.

그렇습니다. 아빠가 웃으면 엄마도 웃고 아이들도 따라 웃습니다. 유머 속에 숨어 있는 해피바이러스는 전염성이 강해서 사람들을 웃게 하고 행복하게 합니다. 그리고 유머에는 상처받은 마음을 치료하고 다스리는 순기능이 있으며, 아이들의 창의적 사고력을 키워주기도 합니다. 뿐만 아니라 유머는 리더십에서도 빼놓을 수 없는 요소입니다. 유머 감각을 가진 아이는 성인이 되어서도 긍정적으로 세상을 바라보게 되고, 미래에 배우자의 마음을 사로잡는 데도 탁월한 능력을 발휘합니다. 무엇보다 사람과 사람 사이의 관계를 원만하게 만들고 강한 유대감을 만드는 데 유머만큼 좋은 무기는 없습니다. 웃음이 있는 곳엔 좋은 사람들이 많이 모이기 마련이니까요.

아빠습관 **8**

아빠는 엄마를 많이많이 사랑해

화목한 가정의 아빠가 되는 법은 어렵지 않습니다. 하루에 한 번씩 아이 앞에서 아내를 칭찬해보세요. 그리고 엄마의 소중함을 아이에게 자주 들려주세요. 그러면 아이는 자신이 행복한 가정에서 자라고 있다는 느낌을 갖게 됩니다. 아이의 눈에 비친 엄마에게 다정한 아빠의 모습은 그 무엇보다도 아름답기 때문입니다.

엄마에게 다정한 모습은
그 무엇보다도 아름답다

부부관계는 부모-자녀관계에 영향을 미치는 가장 중요한 변수입니다. 주변의 아빠들을 보면 자녀 교육을 걱정하고 아이에게는 한없이 다정하면서도 아내에게는 무관심하거나 함부로 대하는 경우가 많습니다. 하지만 진정으로 아이를 생각한다면 가장 먼저 챙겨야 할 사람이 아내입니다.

아이들은 엄마의 뱃속에서 태어났습니다. 이 말은 아이들은 태생적으로 엄마의 신체와 영양, 인지 능력, 사회 정서적 배경을 바탕으로 성장과 발달을 이룬다는 의미입니다. 특히 어린아이들은 엄마와 자신을 동일시하는 경향이 강합니다. 그래서 아빠가 엄마를 사랑하는 모습을 보이면 아이는 자신도 사랑받고 존중받는다고 믿습니다. 그리고 이런 모습을 보고 자란 아이들은 훗날 아빠가 엄마를 대했던 방식으로 자신도 엄마와 타인을 대하게 됩니다. 반대로 아빠가 엄마를 신체적으로나 언어적으로 학대하는 모습을 보면 아이들은 자신도 그렇게 취급되고 있다고 믿어 상처가 되기도 합니다.

그러므로 아이들은 엄마를 존중하고 사랑하며 위하는 아빠의 모습을 보면서 더없이 멋지고 믿음직스럽게 느낍니다. 하지만 부부관계를 항상 그렇게 유지하기가 어디 말처럼 쉬운 일인가요. 사소한 것부터 큰 것까지 부부 간에 부딪힐 일들은 점점 더 많아집니다.

산업화 이전에는 남편과 아내의 역할 구분이 분명했습니다. 그래서 "여편네가 집에서 애 하나 제대로 못 가르쳐!"라고 호통 치는 남편들이 꽤 많았지요. 하지만 산업화가 급속히 진행되고 맞벌이 가정이 늘어나고 핵가족 형태의 가정이 많아지면서 남자와 여자, 남편과 아내, 아빠와 엄마의 역할이 교차되고 중복되는 시대가 되었습니다. 엄마와 아빠가 아이의 양육과 교육에 같이 동참하고 가사를 분담해야만 안정적인 가정을 꾸려갈 수 있는 시대인 것입니다. 아빠들끼리 함께 운동을 하다가도 "집에 애 보러 가야 돼!"라고 아무렇지 않게 이야기하는 시대가 된 것이지요. 그러니 당연히 자녀 양육과 가사 분담, 가계 운영과 금전 관리 등 부부의 갈등 요인이 더불어 늘어날 수밖에 없습니다.

존 그레이(John Gray)의 『화성에서 온 남자, 금성에서 온 여자』라는 책을 보면, 남자는 동굴로 들어가 생각할 시간을 갖고 문제를 해결하는 방법을 선호하는 반면, 여자는 말과 대화로 문제를 해결하려고 합니다. 엄청난 차이이지요. 상대방과 서로 생각이 다름을 이야기하고 동의할 수 없는 이유를 설명하는 것은 결코 상대방을 공격하는 행위가 아닙니다. 그럼에도 대부분의 사람들은 상대가 자신의 의견에 동의하지 않으면 자신을 공격하는 것으로 착각합니다.

남자와 여자, 특히 부부가 다투는 문제들은 대개가 돈, 섹스, 문제 해결 주도권, 스케줄, 우선순위, 자녀 양육, 가계 운영의 책임과 역할 분담 등입니다. 이렇게 서로 다른 입장과 견해를 조율하고 해결하는 방법은 서로가 동의하는 '규칙'을 만드는 것입니다. 쉬운 예로 화투만 해도 동네마다 점수 계산하는 방식이 달라서 다툼을 방지하기 위해 미리 규칙을 정하고 게임을 시작하는 것을 경험한 적이 있을 것입니다. 부부 사이도 마찬가지입니다.

저와 아내는 금전 관리, 자녀 양육, 가사 분담에 대해 신혼 때 대강의 규칙을 만들었습니다. 물론 아이가 생기면서 예상치 못했던 일들이 발생했고, 그때마다 대화를 통해 서로의 동의 아래 공동의 규칙을 추가했습니다. 물론 각자의 의견을 굽히기 어려운 문제가 가끔 생기기도 하지만, 그럴 때는 한쪽이 양보하는 미덕을 발휘합니다. 또 아내의 의견이 훨씬 더 합당하다고 생각될 때는 과감히 제 주장을 거두어들이기도 합니다. 두 소리가 조화를 이루면 '화음'이 되고, 어울리지 못하면 '소음'이 됩니다. 부부라는 이름으로 아름다운 하모니를 이루려면 공동의 규칙을 존중하며 성실하게 이행하는 것 외에 도리가 없습니다.

불가에서는 아내에 대해 일곱 가지로 구분해놓은 이야기가 있습니다. 꼭 아내만이 아니라 부부 모두에게 해당하는 이야기로 이해하시기 바랍니다. 또한 오래전의 이야기인 만큼 현실에 부합하지 않은 것도 있으니 걸러 들으시는 센스도 필요하겠지요?

첫째는 남편(아내)을 죽이는 아내(남편)입니다. 이기적인 마음과 깨끗하지 못한 마음으로 남편을 업신여기고 늘 퉁명하고 짜증스럽게 남편을 대합니다. 남편을 인정하지도 존경하지도 않고 늘 무시와 불신의 시선으로 바라보는 아내입니다. 항상 가정의 경제권과 의사 결정권은 자신에게 있습니다. 남편의 약점과 콤플렉스, 그리고 과거의 상처를 계속해서 비난하며 무슨 일만 있으면 집요하게 물고 늘어집니다. 이런 비난과 바가지에 남편은 변명 한마디 하지 못한 채 침묵합니다. 이런 아내와 사는 남편을 결국 삶의 기쁨과 행복을 누리지 못한 채 인생을 마감합니다.

둘째는 도둑과 같은 아내입니다. 남편이 열심히 일해 돈을 벌어다 주면 아내는 관리를 잘해서 살림이 좀 나아져야 하는 게 당연합니다. 그럼에도 모아지는 돈은 없고 하루하루 살아가기가 빠듯합니다. 한마디로 남편의 삶에 빌붙어 남편의 피를 쪽쪽 빨아먹는 아내입니다. 노름에 빠지거나 춤바람이 난 아내, 또 몰래 재산을 처가로 빼돌려 비자금을 만드는 아내가 이런 경우라고 할 수 있습니다.

셋째는 주인과 같은 아내입니다. 친정 재산이나 자신의 외모만 믿고 남편을 종이나 머슴처럼 부려먹는 아내입니다. 때로는 자식 교육을 핑계로 남편의 희생을 강요하기도 합니다. 그런데 정작 자신은 게으르고 놀기 좋아해서 밖으로 나다니느라 가사 일에는 도무지 관심이 없습니다. 싱크대에는 항상 설거지거리가 쌓여 있고 밥솥에는 곰팡이가 수북하게 피어 있습니다. 남편과 아이들이 불만을 이야기하면 눈에 쌍심지를 켜고 단번에 짓밟아버리는 폭군 같은 아내입니다.

넷째는 어머니 같은 아내입니다. 남편과 아이를 자상하게 보살펴주고 식사 때마다 따뜻한 밥과 반찬으로 식탁을 풍성하게 합니다. 밝은 가정 분위기를 위해 기꺼이 헌신하는 한국의 전통적인 어머니 모습과 유사합니다. 남편이 고집을 부리거나 자신과 의견이 맞지 않아도 남편의 뜻을 존중하고 기를 세워줍니다. 가끔 남편이 사고를 쳐 가계를 곤란하게 해도 슬기롭게 대처하고 남편과 아이를 위해 자신의 모든 것을 내어주는 아내입니다.

다섯째는 누이동생 같은 아내입니다. 살림살이는 서툴어도 남편에게 애교와 응석을 부리고 아이들에게도 누나같이, 언니같이 살갑게 대하는 아내입니다. 이런 가정에는 늘 생기가 넘칩니다. 항상 귀여움과 뛰어난 감각으로 자신을 가꾸고 관리할 줄 알며, 남편과 아이들의 옷이나 머리 모양, 액세서리 등을 잘 코디해 남편 친구들이나 아이들 친구들에게도 인기가 많습니다.

여섯째는 친구 같은 아내입니다. 오래 알고 지내온 친구 같고 뜻을 같이하는 동지 같으며, 전우와 같은 의리도 있고 지조도 있는 아내입니다. 남편의 말을 항상 친구의 입장에서 들어주고, 조언을 구해오면 자신의 생각을 신중하게 말해줍니다. 남편을 삶의 동반자로 격의 없이 대합니다.

마지막으로 일곱째는 종 같은 아내입니다. 요즘 같은 현대 사회에서는 찾아보기 어렵지만, 부처는 종 같은 아내를 가장 이상적인 아내라고 했습니다. 항상 집 안팎을 쓸고 닦아 청결을 유지하고 정성으로 가족의 밥을 짓습니다. 남편과 아이들이 필요한 것을 알아서 챙기는 것은 물론, 그들의 친구들까지도 신경을 씁니다. 화가 나는 상황에서도 평정심을 잃지 않으며, 성난 얼굴을 보이는 경우가 없습니다. 가계를 꾸려나가는 데도 수준급이어서 집안이 날로 번창합니다. 남편의 승진을 위해 내조하고, 아이들의 학업과 미래도 차근차근 계획하고 준비시키는 원더우먼 같은 아내입니다. 참고로 이런 아내는 이 세상에 존재하지 않습니다.

 이 글을 쓰면서 제 자신은 어떤 남편인지 곰곰이 생각해보았습니다. 하나의 유형에 꼭 맞아떨어지진 않지만, 어머니 같은 남편, 오빠 같은 남편에 가까울 듯합니다. 물론 제 안에도 '주인'이나 '도둑' 같은 유형의 어린 자아(미숙한 자아)가 내재하고 있을 것입니다. 일부는 현실에서 말과 행동으로 나타나기도 할 테지요. 문제의 핵심은 자신에게 있는 장점은 살리고 바람직하지 못한 성향은 개선하려는 노력입니다. 아내에게 선심 쓰듯 선물이나 이벤트를 해주기보다는 아내가 싫어하는 행동을 하지 않는 게 더 중요합니다. 그리고 실수를 했다면 그 실수를 인정하고 진심으로 사과하며 몇 배로 좋은 행동을 보여주기 위해 노력하면 됩니다.

 문득 아내에게 비춰지는 저는 어떤 남편의 모습일지 궁금해집니다.

아내를 위한 배려는
사소한 습관에서부터 시작된다

배려는 상대방을 도와주거나 보살펴주려는 행동으로, 상대방이 주체가 되는 행위입니다. 예를 들어 문을 열고 들어가다가도 뒤에 사람이 오면 자연스럽게 문을 잡아 기다려주는 이런 사소한 행동도 배려입니다.

여러분도 연애하던 시절 연인을 위해 자동차문을 열어주고 닫아주었던 경험이 있을 것입니다. 보도를 걸을 때도 여성을 안쪽으로 걷게 하고, 비가 내리면 나의 한쪽 어깨가 젖더라도 연인을 위해 기꺼이 우산을 양보했을 것입니다. 상대방을 먼저 생각하고 나의 시간과 노력을 말과 행동으로 보여주는 게 바로 배려입니다.

특히 가정에서 아빠에게 배려는 지극히 기본적인 생활 습관입니다. 배려는 좋은 행동을 하기보다 아내와 아이들이 싫어하는 행동을 하지 않는 것에서부터 출발합니다. 사용한 물건을 제자리에 바로 놓는 습관, 샤워 후 욕실 정리, 빨랫감은 빨래통에 넣기, 쓰레기통 자주 비우기 등 아주 기본적인 생활 습관부터, 아내와 아이들이 가장 싫어하는 늦은 귀가나 주말에 낮잠 자기, 과도한 음주, 지나친 흡연 등을 하지 않으려 노력하는 것입니다.

2년 전, 학회 발표가 있어 일본 오사카에 간 적이 있습니다. 하루는 동료 교수들과 오사카 시내에 있는 식당에서 식사를 하다가 참어이없는 광경을 목격했습니다. 흡연석과 금연석의 구분이 따로 없는 식당이었는데, 우리 건너편에 앉아 식사를 하는 한 일본인 가족이 눈에 들어왔습니다. 엄마와 아빠가 나란히 앉고 열 살 남짓 되는 아이와 두어 살 어려보이는 아이가 맞은편에 앉아 식사를 하고 있었습니다. 그런데 식사를 먼저 끝낸 아빠가 아이들이 아직 밥을 먹고 있는 앞에서 아무렇지 않게 담배를 피우는 것이었습니다. 식사 자리에서 담배를 피우는 것도 충격이었지만, 밥을 먹고 있는 아이들을 향해 "후우" 하고 담배 연기를 내뿜는 모습은 더더욱 충격이었습니다. 아무리 좋은 식당에 데리고 와 밥을 사준다고 해도 그런 아빠는 아빠로서의 자격이 없다고 생각합니다.

우리나라도 제가 대학교를 다니던 20여 년 전만 해도 버스에서 담배를 피우는 어른들이 있었지만, 지금은 자기 집에서도 담배를 피우는 아빠들은 거의 찾아볼 수 없습니다. 아이들과 가족의 건강을 생각하는 아빠의 작지만 중요한 배려입니다.

요즘 젊은 아빠들 중에는 외동아들이거나 2대, 3대, 심지어 4대 독자인 경우가 많습니다. 집안에서 귀하게 대접받으며 자라다 보니 상대방을 대접하고 배려하는 습관이 부족한 게 사실입니다.

최근 급격한 이혼율의 증가를 두고 일부 가족학 전문가들은 이렇게 말합니다. "귀하게 자란 외동아들과 외동딸이 만나 결혼을 하다 보니 남편은 왕자로 대접받기를 원하고, 아내는 공주로 대접받기를 원하는 자기중심적 사고에 사로잡혀 주도권을 두고 빈번하게 싸움을 벌이며 갈등합니다. 가정이라는 성 안에 왕자와 공주는 있는데 시중을 들 신하와 하인이 없으니 가정이 불행해지고 결국에는 파경에 이르는 것입니다."

나름 일리 있는 분석이라고 생각합니다. 이제 남편과 아내 어느 한쪽이 군림하고 나머지 한쪽이 복종하는 시대는 지났습니다. 그러므로 건강한 가정을 위해서는 배려와 양보의 연습이 필요합니다. 서로 배려하지 않고 양보하지 않으면 결코 가정의 평화를 찾을 수 없습니다. 불행의 씨앗은 배려와 양보의 부재에서 비롯된다는 사실을 명심해야 합니다.

서울에 있는 명문 대학교를 나와 국내 굴지의 대기업에서 인정받고 있는 엘리트 남편을 둔 여자 동창생이 있습니다. 그 남편은 뛰어난 일처리와 업무 능력, 원만한 대인관계로 고속 승진을 하며 성공 가도를 달리고 있답니다. 연애할 때는 비가 오면 전화로 노래도 불러주고, 늦은 밤 집 앞으로 나오라고 해서 나가면 만난 지 100일이라며 장미 100송이를 품에 안겨주던 로맨틱한 사람이었다고 합니다.

그런데 결혼하고 첫아이를 출산한 뒤로는 사람이 달라졌답니다. 시간이 지날수록 그 정도가 심해져 일이 많다며 늦게 귀가하는 날이 허다하고, 집에 일찍 들어오는 날에도 가사 분담은커녕 아이들과 놀아주지도 않은 채 소파에 누워만 있다는 것입니다. 하숙생처럼 해주는 밥이나 먹고 자기가 좋아하는 TV 프로그램이나 보다가 잠들고 일어나면 다시 회사로 출근하는 생활을 반복하고 있답니다. 며칠 전에는 밥 먹으라고 불렀더니 어기적어기적 나와서는 식탁을 쓱 훑어보고는 다시 방으로 들어가더랍니다. 왜 그러냐고 물었더니 또 김치찌개냐며 자기가 좋아하는 반찬이 하나도 없어서 먹고 싶지 않다고 하더랍니다. 동창은 그 길로 앞치마를 집어던지고 아이들을 데리고 친정으로 와버렸고, 남편은 며칠째 시댁에 가서 시어머니가 해주는 밥을 먹으며 출퇴근을 하고 있답니다. 동창은 이 일을 어찌하면 좋겠느냐며 한숨을 내쉬었습니다.

이런 경우의 문제를 해결하기 위해서는 서로가 직면하고 있는 문제를 허심탄회하게 이야기하고 공감을 이끌어내는 게 우선입니다. 그리고 서로의 동의 아래 건강한 부부관계와 가정을 위한 규칙을 정하고 이를 실천하는 노력이 따라야 합니다. 사랑은 상대방의 말에 귀 기울이는 것에서부터 시작합니다. 마치 엄마가 갓난아이가 내는 울음소리에 귀를 기울이듯 말입니다. 마음과 귀를 열어 충분히 상대방의 말을 들어준 다음 공감과 동의의 뜻을 표하고 자신의 의견을 말하는 것입니다. 일단 서로의 입장을 이해하는 데 성공했다면 문제는 거의 해결된 것이나 다름없습니다.

하루빨리 제 동창이 남편으로부터 이런 말을 듣기를 바랍니다.

"여보, 미안해. 당신이 살림하랴, 아이 키우랴 그렇게 많이 힘든지 몰랐어. 회사일도 바쁘고 스트레스도 많아서 집에서 만큼은 내가 하고 싶은 대로 한다는 게 너무 지나쳤던 것 같아. 당신 이야기를 듣고 보니 내가 당신 마음을 잘 헤아리지 못한 것 같아. 미안해. 앞으로 당신이 말한 부분들 고쳐나가도록 노력할게. 사랑해, 여보."

건드리지 말아야 할
아내의 콤플렉스

사람은 누구나 자신만의 아킬레스건을 가지고 있습니다. 약점을 건드리는 말에 관대한 사람은 아무도 없습니다. 따라서 상대방의 약점이나 콤플렉스에 관해 해서는 안 될 말들이 있습니다. 지혜로운 사람은 절대 상대방의 약점을 건드리지 않습니다. 대신 상대방이 가진 장점을 찾아내 칭찬하고 격려합니다.

2012년 우리나라 통계에 따르면 11만 4300쌍이 이혼을 했다고 합니다. 이는 한 시간에 열네 쌍의 부부가 이혼했으며, 대한민국 부부 열한 쌍 중 한 쌍이 이혼을 하거나 이혼을 앞두고 있음을 의미합니다. 이혼의 주된 이유로는 성격 차이가 가장 큰 비중을 차지하고, 그 다음으로 금전적인 문제와 갈등, 배우자의 외도, 그리고 아이들의 양육에 관한 갈등 등입니다.

성격 차이라는 이유를 좀 더 깊이 들여다보면 거기에는 매우 흥미로운 사실이 숨어 있습니다. 부부는 서로의 태도에 대해 불만을 삼았는데, 아내의 경우와 남편의 경우가 사뭇 다르게 나타났습니다. 아내는 남편이 결혼한 후에도 총각 때와 달라진 게 아무것도 없다는 점이 불만이었고, 남편은 아내가 결혼 전처럼 자신을 대하지 않는다는 게 불만이었습니다.

남자는 한 여자의 남편이 되었다고 해서 자신이 살아오던 생활 패턴을 바꾸는 것을 지극히 꺼려합니다. 좋은 옷을 입고 좋은 차를 타고 자신이 마음껏 하던 것들을 하루아침에 포기하기가 어려운 것입니다. 그러면서 자신이 생활하던 패턴 그대로 생활할 수 있도록 아내가 희생해야 한다고 생각합니다.

반면에 아내는 결혼과 출산을 통해 자신의 삶이 통째로 바뀌는 경험을 합니다. 신체의 변화, 상황의 변화, 그리고 엄마로서 태도의 변화를 경험하고 그 변화된 삶에 적응하려 무던히 노력합니다. 결혼 전에 즐기던 많은 것들을 포기하면서까지 직장과 가사와 육아에 헌신하는데, 그런 자신에게 고마워하거나 짐을 덜어주기는커녕 여전히 자기가 하고 싶은 대로 하고 사는 남편을 보면 화가 나는 게 당연합니다.

성격 차이는 엄밀히 말해 문화의 차이입니다. 결혼하기 전까지 남자와 여자는 서로 다른 배경 속에서 살아왔습니다. 생활 습관과 가치관, 자라온 가족 문화도 다르고 문제를 해결하는 방식 또한 다릅니다. 이런 두 사람이 한 공간에서 생활하게 되는 게 결혼입니다. 결혼 전 서로 간에 충분히 갈등하고 문제를 해결해본 경험이 없는 부부라면 위기의 순간을 극복하기가 더더욱 힘들 수밖에 없습니다.

그리고 더 큰 문제는 이런 아빠를 보며 자라는 아이들입니다. 아이들은 아빠가 엄마를 대하는 것을 보고 똑같이 따라합니다. 다시 말해 아이들 앞에서 아내를 함부로 대하면, 아이들도 엄마를 함부로 대하는 것입니다. 아빠가 엄마에게 "야, 밥!" 그러면 아이도 따라서 엄마에게 "밥!"이라고 합니다. 이런 일들이 반복되면 가정의 평화는 유지되기 어렵습니다.

남편을 머슴처럼 생각하고, 아내를 시녀처럼 생각한다면 그 집의 아이는 머슴의 아이, 시녀의 아이로 자랄 수밖에 없습니다. 이런 일이 실제로 우리들 가정에서 벌어지고 있다고 생각해보세요. 끔찍하지 않으십니까?

하루에 한 번씩
아이 앞에서 아내를 칭찬하자

아이가 행복하길 바란다면 부부가 먼저 행복해야 한다는 말이 있습니다. 부모가 서로 존중하고 이해하며 사랑하는 모습을 보면서 자란 아이들은 심리적으로도 안정되고 가족에 대한 소중함과 자신감을 갖게 됩니다. 오늘부터라도 하루에 한 번씩 아이 앞에서 아내의 칭찬을 해보는 것은 어떨까요?

"와 맛있다! 역시 엄마가 만든 찌개가 최고야, 그렇지?"

아내의 기분이 좋아지는 것은 물론, 아이 또한 자신이 행복한 가정에서 자라고 있다는 느낌을 갖게 됩니다.

많은 아빠들이 여전히 애정 표현하기를 쑥스러워합니다. 또 그런 작고 미미한 행동이 가정에 무슨 변화를 가져다주겠느냐고 말하기도 합니다. 하지만 엄마를 향한 아빠의 작은 배려와 사랑 표현이 가정에 큰 변화를 가져다준다는 사실은 이미 여러 연구를 통해 입증된 결과인 만큼, 믿고 따르면 분명 효과를 실감할 것입니다.

반면 엄마를 무시하는 아빠의 행동을 보고 자란 아이들은 자존감이 낮고 사회적으로도 문제 행동을 많이 일으킨다는 보고가 있습니다. 특히 남자아이들은 성 정체성의 혼란을 비롯해 폭력성과 좌절, 불만의 감정이 두드러지게 나타났습니다. 또한 여자아이들은 '여자로 태어난 것'에 대한 피해 심리를 갖게 되고 수동적인 데다 친구들과의 토론에서도 자신의 생각을 제대로 발표하지 못하는 자신감 결여 상태를 보였습니다. 결론적으로 아빠와 엄마가 행복할 때 아이들도 행복해지고 온 가족이 하나의 행복 공동체임을 깨닫게 되는 것입니다.

그리고 어쩔 수 없이 아이들 앞에서 다투는 실수를 범했다면 반드시 아이들 앞에서 화해하는 모습도 보여야 합니다. 아이들이 다투거나 싸우면 사과와 화해를 강요하면서 정작 부모가 그렇지 못하면 그것은 모순 그 자체입니다. 가정을 천국으로 만들지, 아니면 지옥으로 만들지는 당신의 말 한마디와 잘못을 시인하는 용기에 달려 있습니다. 말을 가려서 하는 연습, 적절한 어휘 선택, 그리고 순박하지만 솔직한 언어로 상대에게 진심을 전달하는 연습이 필요한 것도 모두 이 때문입니다.

세상에 쉬운 일이 어디 있겠습니까. 하지만 내 가정의 화목과 아이들을 잘 키우기 위해 필요한 일이라면 못할 것도 없습니다. 칭찬이 힘들다면 대화법부터 먼저 고쳐보세요. 예를 들어 상대방이 말하고 있는 중간에 끼어드는 일, 상대방의 말이 끝나기가 무섭게 기다렸다는 듯이 자신의 입장을 말하는 일, 조건부로 긍정하고 조건부로 허락하는 일 등은 가급적 피하세요. 이런 식의 대화법은 관계를 악화시킬 뿐입니다. 대신에 이렇게 말해보는 것입니다.

"당신이 한 말을 받아들이기가 쉽지 않았는데, 곰곰이 생각해보니 일리가 있어 보이네요. 다시 한 번 생각해보도록 할게요."

"내가 한 말이 당신을 무시하는 걸로 들렸다면 미안해요. 상처가 되었다면 사과할게요. 당신에게 상처주고 싶은 마음은 결코 아니었어요."

"쉽게 꺼낼 이야기가 아니었을 텐데, 솔직하게 당신 의견을 말해줘서 고마워요."

"사랑해요, 여보. 당신이 이렇게까지 나를 깊이 생각하고 있는지 몰랐어요."

이런 말들에는 진심과 노력, 그리고 존중이 담겨 있어서 문제 해결의 실마리가 되어주기도 합니다. 상대방의 입장에서 생각해보고 자신의 잘못이 발견되면 사과할 수 있어야 합니다. 그리고 상대방의 상처를 어루만지고 위로해주려는 노력이 뒤따라야 합니다. 제 개인적인 경험이지만 높임말과 존칭을 사용하면 의외로 문제가 쉽게 해결될 때가 많습니다. 말 속에 상대방에 대한 존중과 진심이 담기는 경우가 많기 때문입니다.

사랑은 감정만으로는 별 의미가 없습니다. 행동으로 표현할 때 비로소 살아 움직입니다. 자녀와 아내는 아빠와 남편의 사랑을 확인하고 싶어 합니다. 사랑도 무한한 연습과 훈련을 통해 더욱 성숙해진다는 사실을 알고 계십니까. 아빠가 아내와 자녀에게 많이 할수록 좋은 말은 사랑한다는 말, 고맙다는 말, 당신을 끝까지 믿겠다는 말입니다.

  아이들이 경험하는 첫 번째 사회는 가정입니다. 가정 공동체에서 아이들의 심리적 안정은 인격을 형성하는 데 없어서는 안 될 소중한 가치입니다. 아울러 존경받는 아빠가 되기 위해서는 먼저 존경받는 남편이 되어야 한다는 사실도 잊지 마세요.

아이에게 필요한 습관 목록 만들기

유아기는 기본 생활 습관을 형성하는 중요한 시기입니다. 유아기에 만들어진 생활 습관은 평생에 걸쳐 발현되고 인격과 성격을 형성하는 기본 요소로 작용합니다. 따라서 이 시기에 배우고 익혀야 할 습관이 제대로 형성되지 않으면 아이는 자라서도 좋은 습관을 자신의 것으로 받아들이기 어렵기 때문에 초기에 좋은 습관을 기르도록 부모가 각별히 신경 써야 합니다.

아이들이 유아기에 배우고 익혀야 할 기본적인 생활 습관들은 꽤 다양합니다. 스스로 옷을 입고 벗는 것, 물건을 소중하게 생각하고 사용한 물건은 제자리에 놓아두는 것, 인사하고 감사한 마음을 표현하는 것, 차례를 지키고 규칙을 따르는 것, 밖에서 돌아오면 손을 씻고 식사 후나 잠자리에 들기 전에 이를 닦는 것 등입니다.

가장 바람직하고 효과적인 방법은 부모 스스로 모범을 보이며 아이와 함께 기본적인 생활 습관을 실천하는 것입니다. 예를 들면 집안 대청소를 할 때는 아이가 자신의 장난감과 책, 그리고 옷가지 등을 정리하도록 돕고 격려합니다. 마른 빨래를 걷어 수납할 때도 아이의 참여를 적극적으로 유도하는 게 좋습니다. 또 아이와 함께 밖에서 돌아오면 부모가 함께 손발을 씻고, 식사 후에도 함께 양치질을 함으로써 모범을 보이는 것입니다.

아이와 함께 치과에 갔다가 기다리는 시간 동안 벽에 붙어 있는 사진들을 보며 아이에게 양치를 하지 않으면 어떻게 되는지, 또 단 음식이나 탄산음료 등을 많이 먹으면 어떻게 되는지 설명해주었습니다. 그날 이후 아이는 식사 후나 자기 전에 아빠와 이를 닦는 것을 당연하게 받아들여 자기가 먼저 칫솔과 치약을 가져와 이를 닦자고 합니다.

기본 생활 습관에 건강과 신체에 관련된 것들만 있지는 않습니다. 사람과 사람 사이에도 지켜야 할 기본적인 생활 습관이 있습니다. 특히 유아기의 아이들은 친구들과 놀다가 싸우거나 다투는 경우가 종종 있는데, 차례를 지키고 양보하고 서로 나누는 일이 이 시기의 아이들에게는 가장 어려운 부분이 아닌가 합니다. 아직 자기중심적인 사고에서 벗어나지 못한 때라 타인의 감정이나 생각보다는 자신이 원하는 것에 집중해 있기 때문입니다.

하지만 더불어 살기 위해서는 양보하고 화해하고 참아야 할 때도 있다는 것을 기본 생활 습관을 통해 가르칠 필요가 있습니다. 자신의 잘못으로 친구나 동생이 상처를 입었다면 사과하는 법도 배워야 합니다. 반대로 상대방의 잘못으로 아이가 상처를 입거나 불이익을 당했을 때도 마찬가지로 사과를 요구할 수 있도록 해야 합니다.

공명정대함을 가르치는 것입니다. 이런 과정을 거쳐 아이들은 자신의 감정을 조절할 수 있게 되고, 자신의 말과 행동에 대해 객관적으로 생각하고 판단하는 능력을 갖게 됩니다. 또 갈등이 생기면 자신의 생각을 말하고 상대방의 입장을 이해하는 등 서로 간의 견해를 모두 고려하는 능력이 생기게 되는데, 이런 능력은 문제를 해결하는 핵심 요소로 작용합니다.

지금은 누리 교육 과정으로 바뀌었지만 이전(2007년 개정)에는 유아를 상대로 하는 교육 과정을 건강생활, 사회생활, 표현생활, 언어생활, 탐구생활로 나누어 가르친 적이 있습니다. 기본 생활 습관도 이 다섯 개 영역에 맞게 가르칠 수 있도록 구성한 교육 과정입니다. 건강한 생활을 위해 지켜야 할 기본 습관, 그리고 아이들이 더불어 살게 될 사회 구성원으로 지켜야 할 기본적인 습관들, 그리고 적극적으로 자신의 의견과 생각을 말할 수 있도록 하고 끊임없이 탐구하고 연구하는 습관을 길러주자는 게 이 교육 과정의 핵심입니다. 여러분도 자녀들에게 좋은 생활 습관을 갖게 하고 싶다면 이 다섯 개 영역을 바탕으로 아이가 반드시 지켜야 할 습관 목록을 만들어보세요. 그리고 아이가 이를 잘 지킬 때는 충분히 격려하고 칭찬함으로써 아이의 생활 속에 자연스럽게 좋은 습관들이 자리 잡도록 만들어주는 것입니다.

대학생 때 로버트 풀검Robert Fulghum의 『내가 정말 알아야 할 모든 것은 유치원에서 배웠다』라는 제목의 책을 읽은 적이 있습니다. 워낙 유명한 책이라 여러분 중에도 읽은 분이 있을 것입니다. 우리가 사는 사회가 더더욱 혼란스러워지고 갈등과 분쟁이 끊이지 않는 것은 상식과 기본이 통하지 않는 문화가 뿌리깊이 자리 잡고 있어서입니다. 당연히 지켜야 할 것들을 지키지 않고, 불공평과 타인에 대한 배려가 실종된 사회로 진행되고 있기 때문입니다. 아주 기본적인 생활 습관과 살면서 반드시 지켜야 할 가치들이 담겨 있는 이 책이 한때 베스트셀러였던 것은, 단순하고 사소한 기본적인 규칙들이 현실에서 얼마나 지켜지지 않고 있는지가 반영된 것입니다.

정말로 우리가 배워야 할 것들은 이미 다 배웠는지도 모릅니다. 다만 삶 속에서 실천하고 있지 않을 뿐입니다.

아빠습관
9

아빠와 엄마가 만드는 환상의 팀워크

아이에게 해줄 수 있는 아빠와 엄마의 역할은 다릅니다. 따라서 엄마의 권리와 역할에 대해서 간섭하는 것은 좋지 않습니다. 중요한 건 아내를 정서적으로 지원하고 격려해주는 것이지요. 아내가 아이 문제로 고민할 때 무관심한다거나, 해결하려 들기보다는 아내의 이야기를 차분히 들어주는 것이 좋습니다. 그럴 때 바로 아빠와 엄마가 만드는 팀워크가 빛을 발하게 됩니다.

아내의 권리를
인정하자

 성공적인 자녀 양육을 위해서는 부모의 하모니와 팀워크가 중요합니다. 아빠는 참고 인내할 수 있어야 하고, 엄마는 기다려주는 용기와 지혜가 필요합니다. 최상의 시나리오는 부부가 싸우거나 화내지 않고 사는 것이겠지만, 부부 간에 다툼 없이 살아가기란 거의 불가능합니다. 어쩌면 다툼은 건강하고 행복한 가정을 만들어가는 당연한 과정인지도 모르겠습니다.

 하지만 출렁이는 물 위에서 자신의 얼굴을 바로 비춰볼 수 없듯이, 감정의 물결이 일렁이는 곳에서 진정한 자신의 모습을 마주하기란 어렵습니다. 자신을 발견하고 자신의 감정을 다스릴 수 있다면 사랑하는 일이 그렇게 어렵지만은 않을 것입니다.

 무엇보다 아이들 앞에서 부부가 싸우지 않고 화목한 모습을 보여주는 게 최선입니다. 엄마 아빠가 다툼으로 인해 사이가 좋지 않을 때 아이들은 긴장과 불안감을 안은 채 눈치를 보며 살아갈 수밖에 없습니다. 제가 최근에 진행한 "부부 간의 결혼 만족도와 갈등이 유아의 교우관계에 미치는 영향" 연구 결과에서 주목할 만한 점은 아이들이 어떤 분위기의 가정에서 성장했는지가 아이들의 정서적 표현 방식과 교우관계에 큰 영향을 미친다는 사실입니다. 예를 들어 부모가 엄격하고 무서우며 체벌을 가하는 가정의 아이들은 대개가 내성적이고 불안하며 공격적인 성향을 보입니다. 또 아이들을 존중하고 항상 대화를 통해 이견과 갈등을 조율하며 자녀를 사랑과 신뢰로 양육하는 분위기에서 자란 아이들은 학업에서도 뛰어난 주의 집중력을 보이며 또래 집단과 대인관계에서 생기는 갈등 상황에서도 효과적인 문제 해결 능력을 보인다는 것입니다. 따라서 아이들의 불안감과 안정감은 가정 분위기, 특히 부모의 심리 상태와 아이들을 대할 때 나오는 정서적 안정감과 깊은 연관이 있다는 사실에 주목해야 합니다.

결혼을 앞둔 많은 커플들은 결혼만 하면 외롭고 힘들었던 싱글 생활에서 벗어나 행복만이 가득한 세계로 향해갈 것이라는 기대에 부풀어 있습니다. 결혼 후 닥쳐올 갈등 상황에 대해서는 예측도, 대비도 하지 않는 것 같습니다. 게다가 아이가 태어나 엄마 아빠가 되면 문제는 더욱 심각하게 꼬여갈 텐데 말입니다.

"결혼 후 남편이 달라졌어요. 연애할 때는 자상하고 배려심도 많고 정말 꾸준하고 성실한 사람이었는데, 이렇게 사람이 달라질 거라고는 생각지도 못했어요"라고 말하는 사람들을 종종 봅니다. 특히 초보 엄마 아빠는 최종 목적지를 향해 운전을 하기보다는 당장 눈앞의 신호등과 장애물을 피하기만도 급급합니다. 아이들이 놀이동산에서 롤러코스터를 타면서 두려워하는 이유는 얼마만큼의 무서움이 얼마나 지속될지 모르기 때문입니다. 반면 어른들은 이 두려움이 얼마 가지 않아 끝나며 충분히 이겨낼 자신감이 있기 때문에 그 두려움을 오히려 스릴로 즐길 수 있는 것입니다.

부부관계가 좋지 않으면 특히 아빠는 아이를 냉랭하고 차갑게 대하게 됩니다. 작은 일에도 아이를 야단치고 체벌을 하기도 합니다. 이때 엄마들은 아이가 아빠에게서 받았을 상처에 대한 보상으로 아이를 더 감싼다는 연구가 있습니다. 일리노이 주립대학의 맥브라이드Brent McBride 교수의 "문지기로서의 엄마의 역할Maternal gatekeeping"에 대한 견해에 따르면 엄마는 아빠와 아이 사이에서 문지기 역할을 한다고 합니다. 다시 말해 아빠와 아이의 세계를 연결하는 통로로서의 문지기입니다.

실제로 엄마가 아빠의 양육 참여가 중요하다고 생각하고 문지기로서의 역할을 잘할 때 아빠들의 양육 참여가 더 높게 나타났습니다. 엄마는 자녀 양육에 있어서 아빠를 경계하는 문지기가 아니라 아빠들이 아이에게 더 잘 다가가도록 길잡이 역할을 해야 하는 것입니다. 설령 아빠가 아이 양육에 조금 서툴고 어려움이 있어 보이더라도 아이들 앞에서는 아빠의 권위를 세워주고 아이에 대한 적절한 정보를 제공해야 합니다. 남편의 무심함을 질타하고 불평하는 행위는 아빠의 자발적 자녀 양육 참여에 아무런 도움이 되지 않는다는 사실을 간과해서는 안 됩니다. 아이 앞에서 남편 흉을 보는 엄마는 아이가 아빠를 우습게 알도록 교육시키는 것이나 마찬가지입니다. 엄마와 아이에게 존경받지 못하는 아빠가 직장과 사회에서 존경받기란 현실적으로 불가능합니다.

마찬가지로 이웃이나 본가 식구들 혹은 친구들 앞에서 아내의 흉을 보는 사람은 남편으로서 자격 미달입니다. 만약 자기 아내를 흉보는 친구가 있다면, 그 친구는 멀리하는 게 좋습니다. 그런 사람은 아내뿐만 아니라 가장 친한 친구도 눈앞에 없으면 얼마든지 흉을 볼 사람이기 때문입니다.

한 가정이 건강하게 바로서고 아이들이 잘 성장하기 위해서는 건강한 부부관계가 만들어져야 합니다. 엄마와 아빠는 한 팀이라는 사실을 잊지 마세요. 적군과 아군을 구분 못하는 사람은 여러 사람을 다치게 할 수 있습니다. 아빠 혹은 엄마가 자녀 양육의 전문가 수준이 아니더라도 노력하는 양육 참여자로 발돋움할 때까지 서로 기다려주고 격려하는 용기와 지혜가 필요합니다.

'따로 또 같이'의 즐거움

"남편은 아내에게 사랑과 동반자 의식을 줌으로써 아내가 더 헌신적으로 아이를 양육하게 한다. 남편의 아내에 대한 정서적 지지가 아이의 조화로운 성장에 중요한 변수가 된다."

애착 이론의 대가 존 보울비의 말입니다.

자녀 양육에 있어서 엄마와 아빠는 한 팀입니다. 하지만 그 역할은 각기 달라야 합니다. 그렇다고 누가 악역을 맡고 누가 착한 역할을 맡아야 한다는 의미가 아닙니다. 아빠와 엄마가 한 팀이 되어 아이가 만족할 때까지 각자가 맡은 최고의 양육과 놀이 서비스를 제공해야 하는 것이지요. 이때 중요한 것은 엄마 아빠가 아이의 양육과 놀이를 제공하는 공급자이기도 하지만, 아이들이 행복할 때 건강한 부모-자녀관계를 정립할 수 있다는 면에서 수혜자가 되기도 한다는 점입니다.

하지만 때로는 엄마와 아빠의 역할에 갈등이나 충돌이 일어나기도 합니다. 기본적인 역할 분담에 관한 규칙이 없거나 잘 지켜지지 않아서입니다. 그렇다면 엄마의 역할, 아빠의 역할이 무엇이며 부부가 한 팀이 되어 아이를 잘 기르기 위해서는 어떻게 해야 할까요.

유아기 자녀를 둔 부모들 중에는 아이를 돌보고 키우는 일(양육)은 엄마가, 아이를 가르치는 일(교육)은 아빠가 하는 게 좋다는 그릇된 선입견을 가지고 있는 경우가 많습니다. 하지만 양육과 교육을 따로 구분하기보다는 모든 가족이 항상 함께한다는 생각으로 출발하는 게 바람직합니다.

엄마와 아빠는 아이의 양육에 참여할 때 서로 다른 특징을 가지고 있습니다. 물론 아이의 식사, 놀이, 책읽기 등 공통적으로 참여하는 부분도 있습니다. 하지만 좀 더 깊이 들여다보면 엄마는 아이의 영양과 건강, 언어 발달과 인지 발달에 초점이 맞춰져 있고, 아빠는 아이와의 놀이, 신체 활동, 바깥놀이 등에 비중을 두고 있습니다.

예를 들어 엄마는 아이의 목욕을 청결과 건강의 측면에서 접근하지만, 아빠들은 목욕도 놀이적 측면에서 접근합니다. 저희 집의 경우만 하더라도 아내는 아이들의 몸을 꼼꼼하게 씻기고 머리를 말려주고 피부가 건조하지 않도록 로션을 발라줌으로써 아이들이 잘 잘 수 있도록 하는 게 목욕의 일차적 목표입니다. 하지만 저의 목욕은 아이와 함께 욕조에 들어가 물장구를 치며 신나게 노는 것입니다. 욕조에 배와 물고기, 오리 장난감을 띄워놓고 낚시도 하고 물 속으로 잠수도 합니다. 샴푸와 비누거품은 아이와의 목욕 시간에 빼놓을 수 없는 좋은 놀이 도구입니다. 서로의 칫솔에 치약을 짜주고 얼굴을 마주보며 이를 닦습니다. 엄마 아빠의 양육 참여에서 나타나는 이런 미세한 차이들은 아이에게 완전히 다른 스타일로 받아들여져 엄마와 시간을 보낼 때와 아빠와 시간을 보낼 때를 구분하고 자신의 반응과 행동의 양식을 결정하게 됩니다.

아이가 부모와의 놀이와 상호작용이 익숙해질 때쯤 되면 부모-자녀관계의 역학 구도가 삼각형으로 그려집니다. 한 축이 엄마, 또 다른 한 축이 아빠, 그리고 나머지 한 축이 아이입니다. 아이는 엄마와 함께하는 시간이 있고, 아빠와 함께하는 시간이 있으며, 엄마 아빠 모두와 함께하는 시간이 있습니다. 또한 자립성 측면에서 볼 때 교육적으로 큰 가치가 있는 아이 혼자만의 시간도 필요합니다.

이제까지의 부모 교육 연구들은 엄마와 아빠의 양육 참여를 각각 분리해 아이들에게 미치는 영향을 알아보는 내용이 주를 이뤘습니다. 하지만 근래 들어 '부부가 함께하는 양육'의 중요성이 대두되면서 새로운 연구 주제로 등장하기 시작했습니다.

부부 공동 양육의 전문가인 맥헤일James McHale과 설리번Sarah Schoppe-Sullivan에 따르면 엄마 아빠 간의 협력이 잘 이뤄지지 않고 애정도가 낮으며, 나머지 한쪽 부모의 양육이 제대로 지원되지 않는 가정에서 자란 아이들은 사회 정서적으로 많은 문제점에 노출될 가능성이 높다고 합니다. 따라서 부부 공동 양육이 아이들의 감정 조절 능력과 사회적 상호작용 기술의 획득에 큰 영향을 미친다는 것입니다.

엄마가 아이와 함께하는 시간에는 아빠가 한걸음 물러나 있기도 하고, 아빠와 아이와의 시간에 엄마가 한걸음 물러나 있을 때도 있어야 하며, 때론 식구가 모두 함께하는 시간도 있어야 합니다. 이것이 바로 엄마 아빠가 함께하는 양육에서 가장 중요한 개념 중 하나인 조화와 균형의 원리입니다. 다시 말해서 아이에게 엄마와 함께하는 시간, 아빠와 함께하는 시간, 온 가족이 함께하는 시간이라는 세 가지 앵글이 균형을 이루고 잘 작동될 때 이상적인 자녀 양육이 이뤄지는 것입니다. 그런데 왜 많은 부부들이 공동 양육의 시간을 갖는 것을 힘들어할까요? 거기에는 다음과 같은 몇 가지 이유가 있습니다.

첫째는 부모가 각기 따로 양육에 참여하는 게 효율적이라고 생각하기 때문입니다. 엄마가 아이의 양육을 담당하는 시간에 아빠는 회사 업무나 개인 시간을 보내는 게 효율적이라고 생각하는 것이지요. 마찬가지로 "여보, 당신이 아이 좀 재워줄래요? 나 샤워하고 친정에 전화할 일이 있어요" 하는 식의 개인 업무와 육아를 서로 나누려는 경향 때문입니다.

둘째는 부부가 함께 양육과 교육에 참여할 때의 불편함 때문입니다. 한국 아빠들을 비롯해 대부분의 아빠들이 엄마, 아빠, 아이 셋이 함께 놀이를 하고 시간을 보내는 것에 익숙지 않아서입니다. 부부 공동 양육의 여러 연구를 보면 아빠들은 아내와 함께 아이들의 놀이에 참여할 때 대체로 소극적인 경우가 많다고 합니다. 예를 들어 다 같이 블록이나 도형 퍼즐을 가지고 놀다가도 "여보, 이거 이렇게 조립하는 거 맞아? 퍼즐이 안 맞는 것 같은데"라며 아내에게 계속해서 무언가를 묻거나, 동화책을 읽을 때도 엄마처럼 재미있게 목소리를 바꾸어가며 읽어주는 것을 힘들어하기도 하고 부끄럽게 생각하기도 해서 슬쩍 엄마에게 떠미는 경우가 많습니다. 게다가 아이가 둘인 가정에서는 부부관계가 더 소원해질 수 있습니다. 엄마 아빠가 각자 아이 한 명씩을 데리고 다른 방에서 자거나 부모 중 한쪽이 아이들을 모두 데리고 자고 나머지 한쪽은 따로 자는 경우도 있습니다.

셋째는 부부의 사회 경제적 지위와의 연관성입니다. 단적인 예로, 부모의 수입이나 교육의 정도에 따라 온가족이 함께하는 시간과 질에 영향이 좌우되기도 한다는 것입니다. 살림살이가 쪼들리는 상황에서 엄마와 아빠가 함께 좋은 팀워크를 발휘하기란 어렵습니다. 물론 주변의 여건이나 상황이 어려움에도 불구하고 부부공동양육의 과제를 잘 수행하는 부부도 있지만, 많은 선행 연구에는 가정생활의 기본적인 수급에 관한 문제가 해결될 때 부부 공동 양육이 잘 이뤄질 가능성이 높은 것으로 나타나고 있습니다.

넷째는 부부 간의 결혼생활에 대한 만족도와 갈등의 정도입니다. 부부 간의 협력은 엄마 아빠 어느 한쪽의 노력만으로 좋은 결과를 얻기가 어렵습니다. 부부가 결혼생활에 만족하고 자녀 양육에 대해 서로 부족한 부분을 채워주며 지원하고자 하는 열망이 강할 때 비로소 바람직한 부모-자녀관계로 이어질 수 있다는 것입니다. 만약 부부 사이에 서로 반목과 갈등 요소가 내재되어 있다면 자녀 양육에서 협력 체제가 작동하기는 어렵습니다.

온 가족이 함께 동물원을 가거나 야외에 소풍을 가는 일, 캠핑을 가서 한 텐트에서 함께 자는 경험이 중요한 이유는 그런 체험을 통해 아이들은 부모가 어떻게 협력하고 서로를 위해 배려하는지를 직접 보고 배우는 기회를 갖게 되기 때문입니다. 또 부모 사이에 누워 함께 동화책을 보거나 하늘의 별을 보며 엄마 아빠의 어린 시절 이야기를 듣는 것도 아이들이 부모를 이해하고 서로 공감대를 형성하는 데 매우 좋은 방법입니다. 이처럼 온 가족이 함께하는 체험 활동은 부부 공동 양육의 좋은 실례입니다.

제가 아는 건축학과 교수의 강의를 참관한 적이 있습니다. 멋지게 설계된 건물의 사진을 영상으로 보여주며 학생들에게 "지금 여러분들은 무엇을 보고 있습니까?"라고 질문하자, 학생들 중 다수가 "멋진 건물을 보고 있습니다"라고 대답했습니다. 그러자 교수는 "아닙니다. 여러분은 지금 잘 지어진 건물의 피사체를 보고 있을 뿐입니다. 건물의 사진이나 영상을 100% 신뢰하고 이에 근거해 성급하게 판단하지 않았으면 좋겠습니다. 직접 여러분이 건물을 가까이에서 보고 판단해야만 건물에 대한 보다 더 정확한 평가를 할 수 있습니다. 2차 데이터를 지나치게 믿지 마십시오. 여러분이 직접 보고 느끼고 판단해야만 여러분의 안목을 높일 수 있습니다"라고 말하는 것이었습니다. 부부 공동 양육 역시 효과적인 양육의 구성 요소나 이상적인 형태의 이론만을 보고 판단하기보다는 한단계 한단계 직접 체험하며 시행착오를 개선해나갈 때, 여러분의 가정에 맞는 맞춤형 부부 양육의 모형을 실천할 수 있게 됩니다.

앞서 소개된 부부 공동 양육의 모형을 여러분의 가정에서 잘 실천하기 위한 실제적 접근 방법을 소개해드리고자 합니다.

첫째, 부부 공동 양육을 시작하고자 한다면 아빠는 먼저 가족이 함께할 수 있는 시간을 고정적으로 확보해야 합니다. 만약 부모의 직장이나 가정의 여러 가지 측면 때문에 모두가 함께하는 시간을 고정적으로 확보하는 일이 현실적으로 어렵다면 그때그때의 상황에 따라 미리 계획을 세워 시간을 활용해 균형을 맞추도록 합니다.

둘째, 아이와 함께하는 시간을 갖는 것만큼 적은 시간이라도 얼마나 밀도 있게 놀아주느냐 하는 것 또한 중요합니다.

셋째, 어디에 가느냐가 중요한 게 아니라 누구와 무엇을 어떻게 하느냐가 중요합니다. 값비싼 외식보다 집에서 아빠가 만들어준 아빠표 라면을 온가족이 함께 나누어먹는 것을 아이들은 더 근사하게 생각할지 모릅니다. 같이 밥을 먹고, 다 함께 가까운 공원이나 산책로를 걷는 것도 좋습니다.

이렇게 작은 것을 함께할 수 있을 때 큰 것도 함께 나눌 수 있으며, 이것이 바로 살아 생동하는 부부 공동 양육의 모형입니다.

엄마의 잔소리 vs
아빠의 무관심

아빠들의 자녀 양육은 엄마들과 다소 차이가 있습니다. 물론 아빠 개개인의 성향과 신념에 따라 다르게 적용되기도 하겠지만, 책의 앞부분에서도 언급했듯이 보통 아빠들은 하드웨어적인 관심이 큰 반면, 엄마들은 소프트웨어적인 것에 관심이 많기 때문입니다. 한국 사회에는 예로부터 내려오는 여러 가지 문화적 전통이 있습니다. '유교 문화'로 대표되는 전통 사상이 그중 하나입니다. 동양의 아빠, 그중에서도 한국의 아빠들이 부부 공동 양육에 소극적인 이유 중 하나로 유교적 전통을 들 수 있습니다. 장유유서長幼有序, 부부유별夫婦有別, 엄부자모嚴父慈母 등으로 대표되는 한국적 전통 속에서 아빠는 아내와 아이 앞에서 항상 엄한 모습과 근엄함을 유지해야 했습니다. 반면 엄마들은 항상 따뜻하고 자애롭게 아이들을 감싸야 한다는 문화적 동의가 있었습니다.

하지만 이제는 이런 집단적 무의식과 사고의 패러다임을 과감하게 무너뜨려야 할 때입니다. 아빠가 엄한 모습을 보여야 할 때도 있고, 엄마가 엄해야 할 때도 있습니다. 또 아빠가 따뜻함을 베풀어야 할 때가 있는가 하면 엄마가 그래야 할 때도 있습니다. 단순하게 하나의 양육 방식만을 적용해 아이를 키우는 일은 거의 불가능한 시대입니다. 기본적인 규칙은 있어야겠지만 그 안에서 융통성을 발휘하는 지혜와 순발력이 필요합니다.

엄마와 아빠는 자녀를 바라보는 관점에서부터 차이가 있습니다. 아내는 남편을 자녀 양육에 무관심하다고 생각하는 경우가 많고, 반대로 남편은 아내의 양육 태도가 지나치게 극성맞다고 생각합니다. 예를 들어 엄마가 "당신은 애 아빠면서 아이가 아프다는데 어떻게 그렇게 태연해요?"라고 말하면 아빠는 "아이들은 다 아프면서 크는 거예요. 당신이 그렇게 걱정한다고 달라져요? 시간이 지나면 다 낫게 되어 있어요"라고 대답합니다.

이런 차이는 자녀의 공부나 친구관계 등 전반적인 부분에서 매순간 나타납니다. 그런데 이런 엄마 아빠의 시각 차이에도 엄연히 존재하는 공통점이 있습니다. 바로 불안감입니다. 엄마의 민감한 반응도 불안감에서 비롯되고 아빠의 무관심해 보이는 태도도 실제로는 불안감에서 비롯되는 것입니다. 그렇기 때문에 서로의 생각과 태도를 부정하기보다는 대화를 통해 각자의 생각과 의견을 나누며 합의점을 찾고 최선의 선택을 할 수 있어야 합니다.

불안감 이야기가 나온 김에 잠시 언급하고 넘어가도록 하겠습니다. 요즘 젊은 부모들은 육아와 양육에 있어서의 불안감이 도를 넘어설 정도입니다. 인터넷이나 서적 등 온갖 매체의 확산으로 육아와 교육 관련 정보가 넘쳐나고 있기 때문입니다. 아는 게 병이라고, 육아의 기초 상식부터 신체 발달, 영양 관리, 유아 교육 프로그램, 유치원 정보, 학교 정보, 영어 교육, 조기 예능 교육, 심지어는 세계의 명문대를 보내려면 다섯 살 이전부터 준비해야 한다는 등의 범람하는 정보 속에서 어떻게 하면 우리 아이를 성공적으로 키울 수 있을지 불안해지는 것입니다. 매체에서 'A형 양육법'이 좋다더라 하면 너나없이 우루루 그쪽으로 몰려갑니다. 그래서 서울의 어느 지역, 어느 커뮤니티를 중심으로 새로운 육아 방식이나 유아 교육이 유행하면 그 열풍이 삽시간에 대한민국 곳곳으로 퍼져나가는 것입니다. 그렇다 보니 이전 부모 세대의 육아 방식은 해묵은 것으로 취급하고 무조건 배척하는 경향도 있습니다.

이렇게 늘 새로운 육아 정보와 교육 방법을 좇다 보니 부모 스스로도 불안해지는 것은 당연합니다. 확신이 없기 때문입니다. 내 아이의 발달 정도나 환경, 가정 상황 등을 복합적으로 고려하지 않고는 아무리 뛰어나고 앞선 교육 방식이라도 해가 될 뿐이라는 사실을 명심해야 합니다.

다시 본론으로 돌아가, 엄마의 간섭과 잔소리가 아이의 문제 행동을 미리 예방할 수도 있고, 아빠의 무덤덤한 대처가 때로는 효과를 발휘할 때도 있습니다. 반대로 아빠의 지나친 여유와 느린 대처 방식이 상황을 더 악화시킬 수도 있고, 엄마의 극성스러울 정도의 간섭이 아이의 반항심과 거부감을 키울 수도 있습니다. 육아와 교육에 있어서만큼은 정답이 없다는 게 사실입니다. 아이가 문제 행동을 보인다면 먼저 상황을 객관적으로 인식하려는 노력이 필요합니다. 그런 다음 엄마의 극성 처방이 적합할지, 아빠의 무관심이 더 좋은 약이 될지를 따져야 합니다.

모든 문제의 해결에는 한 가지 해법만 존재하지 않습니다. 여러 가지 경우의 수를 놓고 유연하게 적절한 방법을 찾는 게 중요할 것입니다. 그러므로 가장 적절하고 효과적인 처방이 나오기까지 엄마와 아빠는 최상의 팀워크를 발휘하는 한 팀이 되어야 합니다.

양육의 승패는
부부 관계에 달려 있다

흔히 서양에는 개인주의가 팽배해 있고 동양에는 집단주의가 만연해 있다고 생각하기 쉽습니다. 하지만 이런 이분법적 사고를 중심으로 한 나라의 문화를 재단하는 것은 곤란합니다. 동서양의 차이가 아니라 상황과 상황마다 다르게 나타나는 하위문화의 차이에 주목해야 합니다.

예를 들어 미국의 명문 대학에서는 미래를 이끌어갈 차세대 리더로서의 자질을 '다양성에 대한 이해, 폭넓은 인식, 그리고 다른 사람과 나누며 사는 삶'을 모토로 삼아 아이들을 가르칩니다. 반면 미국에 거주하는 일본인 가정의 부모들 중에는 아이들에게 "남에게 폐를 끼치지 마라"는 말을 자주하는 것을 볼 수 있고, 중국과 한국 부모들 중에는 "미국 사회에서 살아남으려면 열심히 공부해야 한다. 절대 다른 아이들한테 기죽지 말고 꿋꿋하게 생활해야 돼!"라고 말하는 것을 종종 보게 됩니다. 동서양의 구분보다는 부모가 최고로 여기는 가치의 기준이 가정 문화를 통해 아이들에게 전달된다는 느낌이 듭니다. 그 가정 문화의 중심에 부모의 교육 철학과 자녀 양육에 대한 신념이 자리 잡고 있는 것입니다.

아이들은 부모의 고른 사랑을 먹고 자라야 건강하게 성장할 수 있습니다. 이는 편식을 하면 건강을 해치는 것과 같은 원리입니다. 하버드 대학교의 엘리자베스 더스마Elisabeth Duursma 교수는 최근 연구에서, 엄마의 양육 참여는 아이들의 정서와 인지, 언어 발달, 학업 성적과 깊은 연관이 있으며, 아빠의 양육 참여는 아이들의 사회성과 대인관계, 문제 해결 능력과 외향적 행동 및 태도에 밀접하게 연관되어 있다고 말합니다. 아이들의 전인적인 발달을 위한 엄마 아빠의 고른 사랑과 관심이 필요한 이유가 여기에 있습니다. 부부 간의 신뢰와 정서적 연대는 아이들에게도 확장되어 나타납니다. 따라서 부부관계가 얼마나 돈독한가에 따라 양육의 승패가 갈릴 수밖에 없다는 사실을 명심해야 합니다.

부모가 공동으로 자녀를 양육하기 위해서는 먼저 해결해야 할 과제가 있습니다. 특히 맞벌이 부부라면 아이의 양육에 있어서 만큼은 한 팀이 되어야 합니다. 모든 아이들은 엄마와 아빠 양쪽의 사랑과 물리적·정서적 지원을 필요로 하기 때문에 그 중요성은 더 클 수밖에 없습니다. 커밍스Mark Cummings와 데이비스Patrick Davies는 성공적인 부부 공동 양육을 크게 세 가지 범주로 구분합니다. 첫째는 배우자에 대한 지원, 둘째는 양육의 의무와 가사 분담, 셋째는 일관성 있는 양육 형태입니다.

먼저 배우자에 대한 지원은, 부부는 항상 한 팀이고 서로의 빈자리를 언제든지 대신할 수 있는 공동체라는 생각에서 출발합니다. 남편은 아내가 도움을 필요로 할 때 긴밀하게 협조하고 지원하겠다는 약속을 해야 합니다. 반대로 아내는 남편이 아이를 돌볼 때 겪게 될 어려움을 예상해 양육에 관한 기본 정보와 아이의 신체, 인지, 사회 정서적 발달에 대한 정보를 제공해야 합니다. 무엇보다 부부 간의 정기적인 대화를 통해 양육 과정에서의 어려움을 의논하고 서로에게 어떤 역할과 의무를 기대하는지 등을 허심탄회하게 털어놓는 게 중요합니다. 이런 과정을 통해 이견을 좁히고 각자 할 일과 역할을 합리적으로 배분할 수 있습니다. 아울러 자녀의 학업이나 친구관계, 건강에 관한 것은 물론 온 가족이 함께할 수 있는 시간과 활동을 주간, 월간, 연간으로 나누어 구체적인 계획을 세우도록 합니다.

그다음엔 자녀 양육을 위해 수행해야 할 의무와 가사 분담이 철저하게 이뤄져야 합니다. 부모로서 자녀의 양육 과정에서 발생하는 의무와 가사를 나누는 일은 지극히 당연합니다. 서로가 잘하는 부분은 더 잘할 수 있도록 돕고, 어느 한쪽의 짐이 너무 무겁게 느껴지면 이를 나누어지려는 배려가 있어야 합니다. 그러기 위해서는 반드시 일관성 있는 규칙이 필요합니다. 예를 들면 부모가 지켜야 할 규칙과 아이들이 지켜야 할 규칙을 각 가정 형편과 상황을 고려해 부모와 아이들이 함께 만들어야 합니다. 저희 가정의 규칙을 예로 들어보겠습니다.

먼저 아이들을 유치원에 데려다주고 데려오는 일은 부모의 스케줄에 따라 정합니다. 또 월별 계획에 아이들의 정기 검진이나 치과 검진 등은 누가 데려갈지 정해놓습니다. 엄마는 가계부 정리와 공과금 납부 등을 담당하고, 아빠는 집 안팎 수리와 쓰레기 분리수거 등을 담당합니다. 엄마가 설거지를 하는 동안 아빠는 아이들을 씻기고 재울 준비를 하는 등 가정에서 기본적으로 해야 하는 일들을 부부 간의 협의를 통해 분담합니다.

아이들이 지켜야 할 규칙으로는 밖에서 돌아오면 손 씻기, 식사 전에 기도하기, 식사 후 잘 먹었다는 인사하기, 엄마 아빠 그리고 어른들에게 공손히 인사하기, 사용한 물건이나 장난감은 제자리에 갖다 놓기, 자기 전에 이 닦기, 일찍 자고 일찍 일어나기, 길을 건널 땐 주의깊게 살피고 엄마 아빠의 손을 꼭 잡고 건너기, 가족과 잘 지내고 싸웠을 때는 반드시 사과하기 등이 있습니다.

마지막으로 부부의 일관성 있는 양육을 위해서는 엄마와 아빠의 양육 목표와 스타일이 공유되어야 하는데, 우선 아이가 어떤 사람으로 성장했으면 좋을지 부부의 의견이 일치해야 합니다. 또 아이가 잘못했을 때 체벌을 할 것인지 말 것인지, 훈계는 누가 어떤 방식으로 할 것인지 등을 미리 생각해두어야 합니다. 예를 들어 엄마가 아이를 엄하게 야단칠 때 아이가 아빠에게 달려간다면 아빠도 엄한 기조를 유지하고 아이를 다시 엄마에게 돌려보낼지, 충분히 잘못을 뉘우쳤다고 판단해 따뜻하게 감싸야 할지를 미리 정해두는 것입니다.

아내들은 물리적 지원도 중요하지만 남편으로부터의 정서적 지원을 더 많이 기대합니다. 예를 들어 수고했다거나 사랑한다고 말해주는 것, 가만히 안아주는 것, 육아의 어려움에 대해 말할 때 잘 들어주는 것, 아이들 앞에서 아내를 칭찬하는 것 등입니다. 이런 정서적 지원과 함께 남편의 효율적인 양육 분담이 이뤄지면 아내들은 한결 육아의 부담에서 벗어납니다.

반면 남편들은 양육 기술에 대한 정보를 공유하고 아내로부터 자신의 양육 방식이 존중받기를 바랍니다. 남편이 아이들과 함께 놀거나 책을 읽을 때, 맛있는 음식을 만들어줄 때, 공원에서 자전거를 타며 신나게 놀고 들어왔을 때, 함께 목욕을 하고 옷을 입혀줄 때 아내는 남편의 노력과 수고를 격려하고 칭찬하며 높이 평가해주어야 합니다. 아이들 앞에서 아빠를 칭찬하고 세워주는 말을 하는 것도 좋습니다. 부부가 서로 원하는 것을 충족시켜주기 위해 노력할 때, 부족한 부분을 감싸주고 위로하고 격려하며 서로의 사랑을 확인할 때 부부의 공동 양육은 성공의 길로 접어들 수 있습니다.

아내 없이 아빠가 될 수 있는 사람은 세상에 단 한 명도 없습니다. 아내의 엄청난 산고를 통해 저도 여러분도 아빠라는 이름을 얻었습니다. 마찬가지로 아내의 도움 없이는 결코 좋은 아빠가 될 수 없습니다. 좋은 아빠가 되고 싶다면 이젠 좋은 남편이 되기 위해 시간과 노력을 투자해야 할 때입니다. 그래야만 최고의 양육 팀을 만들 수 있습니다. 부모의 관계는 야구의 투수와 포수의 관계와도 같습니다. 포수는 투수에게 던질 공의 선택을 돕고 그가 힘들어할 때는 마운드에 올라가 격려를 하기도 합니다. 또 필드에 있는 내외야수들에게 작전을 지시하고 수비 형태에 따라 위치를 이동시키기도 합니다. 가정이라는 팀 전체를 아우르는 엄마 역할과 흡사합니다. 그래서 야구 현장에서 포수를 안방 마님이라고 부릅니다. 반면 아빠는 보통 투수에 비유됩니다. 야구장의 중심에서 시합을 주도하는 핵심적인 역할입니다. 야구를 투수 놀음이라고도 하는 것은 그만큼 투수의 역할이 압도적이기 때문입니다.

투수와 포수가 얼마나 궁합을 잘 맞춰나가느냐에 따라 시합의 흐름과 승패가 좌우됩니다. 만약 투수와 포수 사이 불화가 있고 궁합이 잘 맞지 않으면 내외야수 할 것 없이 모든 선수들이 동요하게 되고 결국 팀 전체가 흔들리고 맙니다. 엄마와 아빠의 관계도 마찬가지입니다. 투수와 포수가 경기 내내 사인을 주고받는 것처럼 끊임없이 대화를 주고받아야 합니다. 서로가 공유하는 전략이 잘 맞아떨어지면 시합은 분명 승리를 향해갈 것입니다.

때로는 위기의 상황에서 투수나 포수가 흔들리기도 합니다. 그럴 때는 이닝과 이닝 사이 더그아웃에 앉아 의견을 주고받으며 서로에 대한 격려를 아끼지 않아야 합니다. 투수와 포수가 공동의 목표를 향해 나아가듯, 부모도 서로의 공통된 목표를 향해 처음부터 끝까지 일관된 모습으로 함께할 때 최고의 시너지 효과를 얻을 수 있습니다.

아이가 좋은 친구들과 어울리기를 원한다면

초등학교에 진학하면서부터 아이들은 서서히 부모의 영향력에서 벗어나고자 합니다. 선생님의 말이 엄마 아빠의 말보다 더 큰 영향력을 발휘하고, 조숙한 아이들은 부모보다 친구들과의 관계에서 더 많은 영향을 받기도 합니다. 그렇다고 크게 걱정할 일은 아닙니다. 브론펜브레너Urie Bronfenbrenner의 생태학적 접근법에 따르면, 유아기에서 사춘기로 접어들면서 아이들의 삶의 주 무대는 가정에서 학교와 친구, 사회로 옮겨간다고 합니다. 부화한 알이 둥지 안에서 어미 새의 보호를 받다가 어느 정도 자라면 둥지 밖으로 떠날 준비를 하는 것과 같습니다.

유아기에도 친구들로부터 받은 관심과 사랑은 자존감과 자신감을 발달시키는 데 중요한 역할을 합니다. 제가 교사로 일했던 한 유치원에서의 일입니다. 아이들을 관찰하다 보면 친한 친구들끼리 소그룹을 만들어 무리지어 노는 것을 발견할 수 있습니다. 바비 인형이나 치장하는 것을 좋아하는 아이들, 블록 쌓기를 잘하는 아이들, 컴퓨터 게임을 잘하는 아이들, 남녀 구분 없이 이야기를 잘하는 아이들 등으로 나뉘어 놀기도 하고, 같은 아파트에 살거나 엄마들끼리 친해서 어울리는 경우도 있습니다. 어느 때는 어른들의 동호회 같다는 생각이 듭니다. 그런데 문제는 아이들끼리 어울려 노는 그룹에도 알력이 있어서 자신의 그룹에 다른 아이들이 들어오는 것을 극도로 꺼리는 경우를 종종 보게 됩니다. 유치원 교실마다 어느 그룹에도 속하지 못하고 미운 오리새끼처럼 이리 치이고 저리 치이다가 집으로 돌아가는 아이들이 있는 것입니다. 그래서인지 부모들은 자신의 아이가 친구들과 잘 지내고 인기도 있는 아이이기를 바라는 마음에 친구들 생일에 선물과 카드, 간식을 보내기도 합니다.

어느 날 '재중'이라는 새로 들어온 지 얼마 안 된 아이가 울면서 저를 찾아왔습니다. 아이들이 자기와 놀아주지를 않는다는 것이었습니다. 아이는 자신이 그룹 놀이(협동 놀이)에서 쫓겨난 것에 큰 충격을 받은 모양이었습니다. 다음날 아이는 뜯어진 사탕 봉지를 들고 나타났습니다. 자기 말로는 엄마가 보낸 간식이라고 하는데, 한눈에도 아이가 그냥 집어온 사탕 봉지라는 것을 눈치 챌 수 있었습니다. 저는 아이가 민망해할까 싶어 제가 가지고 있던 간식과 섞어 "재중이 어머니께서 친구들하고 재미있게 놀고 잘 지내라고 이렇게 간식을 보내셨네요" 하고는 아이들과 함께 장기자랑 시간을 가졌습니다. 간식을 나누어 먹고 춤도 추고 노래도 하며 즐거운 시간을 보내는 사이 아이들은 차츰 재중이에게 마음을 열기 시작했습니다.

아이가 성인이 되기까지에는 네 개의 중요한 만남이 있습니다. 부모와의 만남, 친구들과의 만남, 선생님과의 만남, 그리고 배우자와의 만남이 그것입니다. 미국에서는 자녀가 대학에 입학하는 스무 살을 보통 독립의 시기라고 생각합니다. 그래서 10대 때부터 아이들에게 독립을 준비시키고 연습시키는데, 이때 중요한 게 또래 집단과의 유대입니다. 사춘기 우정 연구의 권위자인 설리번Kevin Sullivan 박사는, 10대 때 갖는 친구들과의 유대감이 향후 사회생활의 승패를 가늠하는 척도가 된다고 말합니다. 보통 10대 아이들은 부모보다 친구들과 더 많은 대화를 나누고 더 많이 의지하며, 그들로부터 인정받는 것을 최고의 가치로 여기게 됩니다. 또래 그룹에서 소외당하거나 친구들로부터 무시당하는 아이들이 우울증과 대인 기피, 반사회적 행동과 음주, 흡연, 섹스와 깊은 연관이 있다는 연구 조사 결과를 주의 깊게 살펴볼 필요가 있습니다.

그렇다면 아이가 좋은 친구를 만들고 값진 우정을 쌓을 수 있도록 아빠가 어떤 도움을 줄 수 있을까요?

먼저 아이 친구들의 이름과 나이, 친구들의 관심사와 좋아하는 것이 무엇인지 등을 알아야 합니다. 그러려면 아이의 생일잔치에 친구들을 초대하거나, 평소 아이와 대화를 나누며 친구들에 대해 묻고 귀 기울여 들어주는 센스가 필요합니다.

둘째는 아이의 친구들이 놀러왔을 때 친절하게 대하는 것입니다. 아이들이 인사를 하면 스스럼없이 하이파이브도 하고 머리도 쓰다듬어주며 칭찬과 격려를 아끼지 않으면 그들도 우리 아이를 친절한 모습으로 대하게 됩니다.

셋째는 아이의 친구들에게 솔직하고 정직하며 존중하는 말과 행동을 보이는 것입니다.

아이들과 함께할 수 있는 시간은 의외로 짧습니다. 열 살 정도가 지나면 벌써부터 아이들은 부모의 그늘에서 벗어나 친구들과의 새로운 삶을 시작합니다. 빈 둥지 증후군Empty nest syndrome(아이들을 다 떠나보내고 허전함과 우울증을 겪는 부부들의 심리 장애)에 시달리지 않으려면 일찌감치 아이들을 잘 떠나보내는 연습을 해둘 필요가 있습니다. 둥지 밖 세상을 향해 나아가는 아이들이 좋은 길동무를 만날 수 있도록 적극적으로 돕는 일이 바로 그 연습의 시작입니다.

아빠습관 **10**

아빠의 유산

아버지처럼 살지 않겠다고 그토록 다짐했건만, 성인이 된 어느 날 문득 아버지처럼 행동하는 자신의 모습을 발견하고 놀란 경험이 있으신가요? 어린 시절의 상처는 자기도 모르게 아이에게 영향을 미칩니다. 아이에게 기억되고 싶은 아빠의 모습 그대로 노력하고 실천하는 것, 그것이 바로 가장 중요한 아빠의 습관입니다.

내 안의 상처부터
치유하자

어린 시절 즐겨보던 TV 프로그램 중에 '동물의 왕국'이 있었습니다. 그중에서도 아직도 제 기억에 선명하게 남아 있는 장면이 있습니다.

동물의 제왕인 사자 한 마리가 사냥 중에 상처를 입었습니다. 대수롭지 않은 상처라고 여겨 사자는 자신의 거처인 동굴 속으로 들어갔습니다. 다른 동물들이 상처 입은 자신을 공격할지도 모르니 동굴 안에서 며칠 쉬면 나을 거라고 생각한 모양입니다. 하지만 상처는 더욱 깊어졌고 사자는 동굴에서 생을 마감하고 말았습니다.

또 다른 사자 한 마리가 있었습니다. 그 역시 사냥한 영양을 먹고 있다가 하이에나의 습격을 받아 상처를 입게 됩니다. 상흔이 깊어 얼마 못 가 죽어버릴 것 같았던 이 사자는 거동이 불편한 몸을 이끌고 햇빛을 쏘이고 진흙을 바르고 다시 햇빛을 쏘이기를 반복했습니다. 그러자 신기하게도 상처가 점점 아물기 시작했고 며칠 지나지 않아 그 사자는 원상태로 회복되어 다시 초원을 누볐습니다.

사람도 마찬가지입니다. 태어나는 순간부터 우리는 알게 모르게 숱한 상처를 입으며 살아갑니다. 몸의 상처는 소독을 하고 꿰매고 약을 바르고 시간이 지나면 점차 회복됩니다. 마음의 상처도 마찬가지입니다. 동굴 안에 웅크리고 있기만 해서는 절대 회복되지 않습니다. 상처 난 마음에 약도 발라주고 곪지 않도록 햇빛과 바람도 쐬어주면서 보듬어 살피고 기다리면 덧나지 않고 잘 아물 수 있습니다.

특히 아이에게 상처를 대물림하지 않기 위해서는 아빠 먼저 자신의 상처를 회복시키려는 노력이 필요합니다. 상처를 가지고 있는 아빠는 아이의 상처를 치료해주기는커녕 그것을 들여다볼 마음의 여유조차 없기 때문입니다.

세상에 상처 없이 살아가는 사람은 아무도 없습니다. 너나 할 것 없이 우리는 모두 상처를 안고 살아갑니다. 겉으로 드러나 사람들의 눈에 보이는 상처도 있고, 가슴 속 깊은 곳에 꽁꽁 숨겨둔 상처도 있습니다. 바로 겉으로 드러나지 않는 이 상처가 더 심각한 문제를 만듭니다. 그리고 이런 상처를 안고 있는 사람들이 다른 사람에게 상처를 줄 가능성은 매우 높습니다.

여러분은 어린 시절의 아버지를 생각하면 어떤 이미지가 가장 먼저 떠오르시나요? 아버지가 퇴근해 들어오시면 평화롭던 가정에 이내 찬바람이 몰아칩니다. 거실에 모여 간식을 먹으며 즐겁게 TV를 보고 있던 가족들은 아버지의 귀가에 어색한 인사를 하고는 뿔뿔이 자신의 방으로 흩어집니다. 아버지가 약주라도 하고 들어오는 날엔 되도록 아버지 눈에 거슬리지 않기 위해 초조함과 긴장감 속에 숨을 죽인 채 어서 아침이 오기만을 기다립니다.

저도 아버지를 생각하면 늘 떠오르는 아픈 기억이 있습니다. 아버지로부터 받았던 체벌의 상흔이 저를 아버지에게서 멀어지게 만들었지요. 분노와 원망의 마음을 다스리지 못해 사춘기에 접어들면서는 아버지에게 복수를 다짐하기도 했습니다. 복수의 방법은 나를 통해 이루고자 하는 아버지의 꿈을 좌절시키는 것이었습니다. 그래서 무엇이든 아버지가 하라는 것의 반대로 행동했습니다. 아버지에게 받은 상처를 아버지의 마음을 상하게 하는 것으로 되갚고 싶었습니다. 한마디로 분노와 원망의 마음을 반항으로 대신한 것이지요. 스무 살 이후 집을 떠나 아버지의 간섭과 그늘에서 벗어나던 그 순간의 희열은 말로 다 형언할 수 없을 정도였습니다.

그러다 유아교육학을 전공하면서 부모 교육에 관심을 갖게 되었고, 집단 심리 상담을 통해 나의 내면과 아버지가 비로소 화해할 수 있는 기회를 갖게 되었습니다. 아들을 그렇게밖에 대할 수 없었던 아버지에게 무슨 이유가 있었던 것은 아닐까? 아버지를 이해하기 위해서는 먼저 아버지의 과거와 콤플렉스, 그리고 상처에 대한 이해가 필요했습니다.

공격적이고 폭력적인 아버지의 성향 뒤에는 엄하고 무뚝뚝한 할아버지가 있었습니다. 또 아버지에게 물리적 폭력과 학대를 무자비하게 행사하던 큰아버지도 있었습니다. 신체적, 언어적 학대가 무차별적으로 가해지는 환경 속에서 아버지의 상처는 커져갔고, 그 상처는 치유되지 못한 채 고스란히 제게로 대물림되었던 것입니다. 결국 아버지는 윗세대로부터 물려받은 폭력과 학대의 피해자인 동시에 가해자였던 것입니다.

좋은 아빠가 되기 위해 먼저 자신의 상처를 보듬고 치유해야 합니다. 자신의 과거와 화해하지 못하면 현재가 행복하지 못하고 미래와 손을 잡을 수도 없습니다. 저는 지금껏 아버지 관련 연구를 위해 다양한 국적과 인종의 아빠들을 만나왔습니다. 그런데 그들에게는 한 가지 공통점이 있었습니다. 바로 어린 시절 자신의 아버지로부터 받은 상처입니다. 동서양의 경계와 문화의 차이가 무색할 정도로 80~90%의 아빠들이 어린 시절 자신의 아버지로부터 신체적인 학대를 경험했다는 놀라운 사실을 발견했습니다. 나머지 10~20%도 어머니로부터의 폭력이나 형제자매들로부터의 폭력에서 자유롭지 못했습니다. 그 심각성은 교육 정도와 경제력, 사회적 지위 고하와 관계없이 보편화되어 있는 듯했습니다. 그래서 오늘날 우리 사회의 전반에 화와 분노, 스트레스와 좌절이 넘쳐나는 것은 아닐까 하는 생각이 듭니다.

프로이드는 연구 초기에 정신 질환과 일탈 등으로 격리 수용된 환자들을 대상으로 연구를 시작했습니다. 이런 문제가 있는 성인들을 상담하면서 프로이드는 매우 놀라운 사실을 발견했습니다. 그들은 대부분 유아기일 때 부모와의 관계에서 심각한 문제를 경험했다는 공통점을 가지고 있었습니다. 리비도Libido로 일컬어지는 심리성적心理性的 에너지는 사람이 살아가는 데 꼭 필요한 힘의 원천입니다. 리비도는 보통사람의 쾌락의 원천이 성적 욕구에서 비롯된다고 보는 것으로 사람의 심리를 지배하는 강력한 힘을 말합니다. 하지만 성적 욕구는 단순히 섹스나 성 행위와 연관된 에너지가 아니라 희로애락을 느끼고 표현하는 심리적 에너지에 가깝습니다. 대개 문제가 있는 환자들에게는 유아기에 심리성적 에너지에 심각한 억압이 있었다는 사실이 발견되었습니다. 단적인 예로 부모로부터 구타와 욕설을 듣고 자란 아이들에게는 건강한 자의식 대신 죄의식과 좌절, 분노와 절망이 자리 잡았던 것입니다. 아울러 아버지의 음주와 폭력으로 어머니가 괴로워하는 것을 보며 자란 아이들은 성 정체성에 커다란 혼란을 겪게 됩니다. 아들은 성인 남자의 롤모델을 부정적으로 학습할 기회를 얻고, 딸들은 여자로 태어난 것에 대한 굴욕을 경험하며 아빠와 같은 사람을 경멸하게 되는 것입니다.

내 안에 있는 상처를 치유하기 위해 이제 여러분이 떠올려야 할 단어는 '용서'입니다. 심리 치료의 대가인 데이비드 시맨즈David A. Seamands는, 모든 용서에는 "자기 자신에게 관용을 구하는 것"과 "상대방을 위한 관용"이 동시에 이뤄져야 한다고 말합니다. 스스로 본인의 잘못을 먼저 내려놓아야 한다는 뜻입니다. 자신을 용서할 수 없는 사람은 자신의 상처와 관련된 사람들을 결코 용서할 수 없습니다. 설령 타인의 잘못으로 억울한 일을 당했더라도 자신에게도 상당 부분 책임이 있다는 사실을 인식하는 게 중요합니다. 그러기 위해서는 자신의 내면을 깊이 들여다보는 것에서부터 출발해야 합니다.

어린 시절에 기억하기조차 끔찍한 일을 당했다고 가정해보겠습니다. "나는 희생자입니다. 아버지께서 저를 그렇게 심하게 때리지만 않았다면 저는 가출하지 않았을 것입니다. 비행청소년이 되어 소년원을 가지도 않았을 테고요. 저를 조금만 이해해주시고 사랑해주셨더라면 제가 이렇게까지 되지는 않았을 겁니다." 맞는 말입니다. 하지만 외부로부터의 자극에 대한 자신의 선택이 전적으로 옳았는지에 대해서도 한번 생각해보아야 합니다. 아버지를 미워하고 원망하며 선택한 도피라는 이름의 목적지는 분명 삶의 주인인 자신의 결정이었을 테니 말입니다.

한 술주정뱅이 아버지에게 두 아들이 있었습니다. 알코올 중독자인 아버지는 단 하루도 술에 취해 있지 않은 날이 없었습니다. 상습적인 구타로 어머니는 이미 집을 나갔고, 남은 두 아들은 아버지의 갖은 욕설과 폭행 속에 자랐습니다. 두 아들도 성인이 되어 아버지가 되었습니다. 큰아들은 자신의 아버지처럼 술주정뱅이 아버지가 되었고, 둘째아들은 사회적으로 명망 있는 아버지가 되었습니다. 한 신문기자가 어떻게 그럴 수 있느냐며 두 아들을 인터뷰했습니다. 공교롭게도 두 아들은 똑같은 대답을 했습니다.

"그럴 수밖에 없지 않겠습니까?"

한 사람은 주어진 환경에 좌절하며 주저앉아버렸고, 한 사람은 맞서 싸워 상황을 극복했습니다. 우리 모두는 주어진 환경에 맞서 싸울 힘을 가지고 있습니다. 설령 아버지로부터 상처를 물려받았더라도 본인 스스로 그 악순환의 고리를 끊고자 한다면 얼마든지 가능한 일입니다. 상처로 얼룩진 전통의 끈을 잘라내고 자신만의 새로운 전통을 세워나갈 때 자신의 자녀에게 훌륭한 유산을 물려줄 수 있습니다.

  역사의 물줄기를 바꾸기 위해서는 그 전환점에 서 있는 사람의 희생이 필요합니다. 그 희생의 대가는 우리에게 '상처를 주고받는 가정'이 아니라 '사랑을 주고받는 가정'을 선물해줄 것입니다.

당신은 어떤 아빠로 기억되고 싶은가

아버지처럼 살지 않겠다고 어린 시절 그토록 다짐했건만, 성인이 된 어느 날 문득 아버지처럼 행동하고 있는 자신의 모습을 발견하고는 소스라치게 놀란 경험이 누구나 있을 것입니다. 저도 마찬가지입니다. 간혹 내 아버지의 모습으로 아이들을 대할 때가 있습니다. 무의식 속에 남아 있는 아버지의 잔상, 그 그림자를 밟으며 아버지가 걸어간 길을 다시 걷고 있는 것입니다. 어린 시절 보고 자란 아버지의 말과 행동, 습관들이 부지불식간에 내 것이 되어 있었던 것입니다.

아빠를 진정으로 이해하고 나면 아이들은 아빠를 자신의 일부로 받아들이게 됩니다. 심리학 용어로 동일시Identification라고 하지요. 한 사람이 다른 사람의 습관이나 속성을 그대로 받아들여 자신의 인격을 형성해가는 과정을 말합니다. 더군다나 동일시의 대상이 자신이 사랑하고 존경하는 사람일 경우 그 사람을 아주 자연스럽게 닮아가는데, 이는 자동적이고 무의식적인 동화同和 과정을 거쳐 완성 단계에 이릅니다. 또한 타인과의 동일시는 자신의 정신적·정서적 성숙과 발달을 의미함과 동시에 동일시의 대상이 가진 이상理想과 관심, 흥미, 버릇과 습관 등 다양한 속성을 획득하거나 배우는 과정으로 이어집니다.

만약 동일시의 대상이 사랑하고 존경하는 사람이 아닐 경우엔 방어적 반응 유형으로 나타나기도 하는데, 이때 작동하는 방어기제가 투사投射입니다. 투사는 자기 자신 속에 존재하는 상대방에 대한 생각과 감정을 내면으로부터 떼어내 다른 곳으로 옮겨놓는 심리적 작용입니다. 투사를 통해 자신에게 형성된 생각과 감정을 자신의 것이 아니라고 거부하며 외부에 객관적으로 존재하는 것으로 믿습니다. 예를 들면 아빠를 두려워하고 미워하는 아이가 "나는 아빠가 싫어. 아빠를 보기도 싫고, 같이 말하는 것도 싫어. 아빠가 나한테 하는 행동도 마음에 안 들어"라고 말하며 말, 행동, 습관 등 아빠로부터 받은 여러 속성을 다른 곳으로 옮겨놓는 심리적 이전 현상을 말합니다.

흥미로운 점은 아빠가 동일시 대상이든 투사 대상이든 간에 아이가 성인이 되었을 때 반드시 그 아이의 삶 속에서 재현된다는 사실입니다. 아빠의 영향력이 자녀의 미래에 다시 살아나 아이들의 삶 속에서 작동한다는 사실이 때로는 너무 놀랍고, 때로는 두렵기도 합니다.

아이는 부모의 거울입니다. 오랫동안 유아 교육 현장에서 일하고 공부하며 다양한 인종의 아이와 부모들을 만나왔습니다. 단언컨대 아이를 보면 그 아이의 부모가 보입니다. 유치원 현장에서 아이들을 마주할 때 가장 먼저 보는 것은 아이의 눈과 얼굴입니다. 얼굴에 활기가 있고 생기가 넘치는 아이들은 비교적 신체적으로도 건강하고 심리적으로도 안정적입니다. 눈과 얼굴을 보면 그날 아이의 컨디션을 알 수 있습니다. 몸 상태가 좋지 않으면 짜증이 많고 친구들과도 사이좋게 지내지 못하는 게 당연합니다.

그다음으로 보는 곳이 아이들 신체의 각 부분입니다. 세수는 했는지, 이는 잘 닦았는지, 머리는 단정한지, 로션은 발랐는지, 구멍 난 양말을 신고 있지는 않은지, 손발톱은 깨끗하게 정돈되어 있는지 등등 신체의 청결 상태를 보면 엄마 아빠의 손길이 얼마나 미치고 있는지를 짐작할 수 있습니다.

그다음은 선생님과 친구들을 대하는 아이의 모습입니다. 아빠와의 관계가 소원하거나 아빠를 두렵고 무서운 사람으로 생각하는 아이들은 남자 선생님을 대하는 데 어려움이 있습니다. 또 집에서 형이나 동생, 언니들과 다툼이 많은 아이들은 유치원에서도 친구들과 사이좋게 지내지 못합니다. 아직 자기중심적인 상태에서 완전히 벗어나지 못한 아이들이다 보니 친구들에게 장난감이나 교구를 양보하고 함께 나누어 쓰거나 하지 못하는 것은 당연합니다. 하지만 친구를 배려하지 않거나 고집을 부리고 떼를 쓰는 정도가 지나치다 싶은 아이들은 부모나 형제자매의 관심에서 소외되어 있는 경우가 더러 있습니다. 동생이 생긴 이후로 전처럼 관심과 사랑을 독차지하지 못하는 데서 비롯되는 어리광 같은 일종의 퇴행 현상을 그 예라고 할 수 있습니다. 또 부모의 충분한 관심과 사랑을 받고 자라지 못한 아이들도 친구나 다른 사람과 나누는 법을 잘 모릅니다. 안타깝게도 받은 사랑이 없으니 나눌 사랑도 없는 것입니다.

아이들은 부모의 아바타입니다. 지금 여러분의 모습이 아이의 현재이자 미래입니다. 누군가를 깊이 사랑한다는 것은 그 대상을 잘 이해하고 있다는 것입니다. 지금 내가 아이에게 어떻게 받아들여지고 있는지 세심하고 꼼꼼하게 살펴야 하는 이유가 여기에 있습니다.

아버지 연구를 진행하는 동안 참 많은 아버지 이야기를 전해 들었습니다. 그중에는 교도소에 있는 아빠, 동성애 때문에 아내와 자식을 버린 아빠, 전쟁 후유증으로 일찍 가족을 떠난 아버지를 그리워하는 젊은 아빠도 있었습니다. 수많은 아버지들이 남겨놓은 발자국을 따라 오늘의 아빠들이 그 길을 걸어갑니다. 지금 우리가 걸어가는 이 길이 우리 아이들에게는 새로운 이정표가 되겠지요. 거친 바람을 함께 헤치고 나가는 아버지와 아들을 떠올려보십시오. 우리의 아이들이 걸어갈 그 길이 올바르고 안전할 수 있기를, 그리고 훗날 그들이 자신만의 새로운 길을 개척해나갈 수 있기를 바란다면 지금 우리, 아빠들이 먼저 바로 서야 합니다.

아이는 아빠의 행동을 따라할 뿐이다

'콩 심은 데 콩 나고, 팥 심은 데 팥 난다'는 말이 있습니다. 뿌린 대로 거둔다는 자연의 섭리를 일컫는 말입니다. 마찬가지로 성공적인 인생을 살아가는 사람들에게는 성공으로 향하는 힘이 있습니다. 자녀 양육도 이와 다르지 않아서 뿌린 대로 거두는 자연의 섭리가 그대로 적용됩니다. 아이들에게 물려주어야 할 가장 소중한 것 중 하나는 '좋은 습관'입니다.

  삶의 방식과 태도를 구성하는 데는 다양한 요소가 필요하지만, 무엇보다 우선되어야 하는 게 좋은 습관입니다. 습관은 의식의 세계와 무의식의 세계에 긴밀하게 연결되어 있기 때문입니다. 다시 말해 개개인의 사고방식이 행동으로 표현되는 데 따르는 일정한 심리적·인지적 양식의 틀이라는 뜻입니다. 사고의 패턴이나 말하는 방식이 연쇄적으로 외부로 표현될 때 습관이라는 특정 도식이 직접 작동하는 것입니다.

간단한 예로 스트레스를 받을 때마다 담배나 커피를 마시거나 음식을 폭식하는 경우를 들 수 있습니다. 아이들의 경우 아빠에게 야단을 맞을 때 손톱을 물어뜯어 피를 내거나 자신의 머리를 쥐어뜯는 행위가 반복된다면 하나의 습관으로 자리 잡은 것입니다. 그리고 유사한 상황에 처하면 반사적으로 그와 같은 습관적 반응이 나오게 됩니다. 그래서 아이들이 어려서부터 좋은 습관을 갖도록 해야 하는 이유가 그것입니다. 나무는 어릴 때 바로 세워주어야 크고 바르게 자라 풍성한 결실을 맺듯이, 아이들도 어릴 때부터 좋은 습관을 갖도록 바로 잡아줄 필요가 있습니다.

유치원 교사들이 아이들을 지도하며 특별히 신경 쓰는 것 중 하나가 일상에서 반복되는 생활 습관입니다. 먼저 건강 생활 습관으로는 바깥에서 돌아오면 손 씻기, 식사 후 이 닦기, 음식 골고루 먹기, 식사 전후 감사 인사하기, 일찍 자고 일찍 일어나기, 규칙적으로 운동하기 등이 있습니다. 그다음 기본 생활 습관으로는 사용한 물건 제자리 갖다 놓기, 용변 후 물 내리기, 장난감 정리정돈하기, 쓰레기는 쓰레기통에 버리기, 자연을 사랑하기, 차례 지키기 등이 있습니다. 또 학습 생활 습관으로는 책을 가까이하기, 학용품 아껴 쓰기, 다른 방법으로 생각해보기, 자신감 갖기 등이 있고, 사회 생활 습관으로는 즐거운 마음 갖기, 친구와 다투면 먼저 사과하기, 양보하기, 친구의 의견 존중하기, 힘든 친구가 있을 때 도와주기, 선생님과 어른들께 인사 잘하기, 집에서 나올 때와 들어올 때 부모님께 인사하기 등이 있습니다.

사실 우리가 살아가면서 필요한 기본적인 습관들은 유치원에서 이미 다 배웁니다. 문제는 유치원에서 벗어나는 순간, 서서히 잊어버린다는 데 있습니다. 이런 기본적인 습관을 지키지 않는 어른들과(엄마, 아빠, 가족, 친구, 선생님 등) 좋은 습관이 무시되는 주변 환경에 쉽게 동화되어버리기 때문입니다. 어릴 때 형성된 습관이 아이의 삶의 질을 바꾸어놓는다는 사실을 심각하게 받아들인다면 세상 모든 어른들이 유치원에서 배운 규칙과 습관들을 절대 잊지 않을 텐데 말입니다.

반대로 아이에게 절대 물려주지 말아야 할 유산도 있습니다. 크게는 폭력과 체벌의 문화, 좌절과 낙담의 문화, 음주와 흡연, 황금만능주의와 비도덕적 행동, 그리고 성 문란 등이 있습니다. 몇 해 전 존스홉킨스 대학교 의과대학에서 발간한 통계 자료집에 따르면, 어릴 때 부모에게서 신체적으로 학대를 받은 아이가 성인이 되어 자신의 자녀를 학대할 가능성은 76%에 달한다고 합니다. 앞서도 잠시 언급했듯이 우울증과 정신 질환에 시달리는 성인을 대상으로 어릴 때 신체적 학대나 성적 학대를 당한 경험이 있느냐는 조사에서는 86%가 '그렇다'라고 응답했고, 이들 중 다수는 알코올 중독을 경험했거나 마약과 성적 문란으로 가정이 파탄에 이르는 경험을 하고 있었습니다. 앞서 소개한 맥스 쥬크스 가문의 비극이 지금도 여러 가정에서 재현되고 있는 것입니다.

이 같은 통계 자료를 통해서도 어른들의 말과 행동이 아이들에게 얼마나 큰 영향을 끼치는지를 실감할 수 있습니다. 우리 주변에서 일어나는 부정적 문화 속성은 더 쉽고 빠르게 사회 전반으로 퍼져나갑니다. 예를 들어 자신이 믿고 따르던 롤모델(엄마, 아빠, 연예인 등)이 자살했을 때 따라서 자살을 하거나 사망한 사람이 선택한 장소나 방법 등을 모방하는 경우 등이 여기에 속하며, 이를 일명 베르테르 효과Werther effect라고 부릅니다.

아이들에게 엄마와 아빠만큼 영향력 있는 롤모델은 없습니다. 가정에 따라 조금씩 차이는 있지만, 특히 아빠의 말과 행동, 습관 하나하나가 아이들에게 미치는 영향은 엄마보다 영향력이 훨씬 큽니다. 아이들은 자신의 삶에 지침이 될 만한 영웅을 필요로 합니다. 청소년들이 팬클럽을 결성해 자신이 좋아하는 연예인에 열광하며 과하다 싶을 정도의 집착을 보이는 경우를 주변에서 어렵지 않게 볼 수 있습니다. 좋은 측면에서는 자신이 좋아하는 사람을 통한 대리 만족이나 스트레스 분출의 한 형태라고 볼 수 있지만, 다른 측면에서 보면 주변에 믿고 따를 만한 롤모델(영웅)이 없다는 반증이기도 한 것 같아 씁쓸할 때가 있습니다.

아이에게 왜 좋은 습관을 물려주어야 하는지 충분히 이해했다면 이제 삶 속에서 실천하는 일만 남았습니다. '아는 것'과 '행하는 것'에는 큰 차이가 있습니다. 고도의 인내와 끈기가 없으면 지행합일知行合一을 온전히 이루기 힘듭니다. 누구나 삶에서 지켜야 할 습관이 무엇인지에 대해서는 잘 알고 있습니다. 유치원과 초등학교에서 이미 다 배웠기 때문입니다. 우리는 늘 부모님께 효도하고, 형제자매와 우애 있게 지내며, 부부는 서로를 사랑하고, 이웃에게 베푸는 삶을 살라고 교육받아왔습니다. 이미 다 알고 있으면서도 삶 속에서 실천하지 못하기 때문에 내면의 자아와 현실적 자아 사이에서 끊임없이 갈등과 번뇌를 반복하는 것입니다.

이제는 실천의 길을 열어야 할 때입니다. 백범 김구 선생님이 애송하던 이양연의 한시 한 편이 있습니다. 오늘날 의식 있는 아빠들이 마음에 새겨두면 좋을 것 같아 소개합니다.

> 穿雪野中去(천설야중거): 눈 밟으며 들판을 간다 해도
> 不須胡亂行(불수호란행): 어지러이 밟아서는 아니 된다네
> 今朝我行跡(금조아행적): 오늘 내가 지난 발자국은
> 遂作後人程(수작후인정): 끝내 뒷사람의 이정표가 될지니

모든 길은 앞서간 사람들이 만든 것입니다. 그중에는 산의 정상으로 안내하는 길도 있고, 낭떠러지로 안내하는 절망의 길도 있습니다. 아빠가 걸어가는 길을 따라 아이들은 길고 먼 여행을 시작합니다. 아빠가 걸어간 길을 따라가면서 세상을 둘러보는 안목이 생겨납니다. 자신만의 안목이 생기면 그때부터 자신만의 길을 걸어가게 되는 것입니다. 내가 지금 가는 길이 나의 아들과 딸이 걸어갈 길임을 항상 가슴에 새기고 한 걸음 한 걸음 신중하게 나아가야 할 것입니다.

아빠가 행복해야
아이도 행복하다

통계에 따르면 2000년도에 22만 명으로 추산되었던 우리나라의 우울증 환자가 2011년에는 53만 명으로 급증했다고 합니다. 안타깝게도 자살률 또한 OECD 국가 중 우리나라가 몇 년째 1위를 하고 있다지요. 지난 학기 '인간 발달' 수업 중에 한 학생이 이런 질문을 했습니다.

"한국의 자살률이 세계 1위라는 게 사실입니까? 제가 알기로는 한국이 경제적으로도, 문화적으로도 급성장했고 모든 게 풍족해졌다고 생각하는데, 그렇게 많은 사람들이 자살하는 이유가 납득이 가지 않습니다. 어떻게 생각하세요?"

예상치 못했던 미국 학생의 돌발 질문에 처음에는 적잖이 당황했습니다. 전자 제품, 자동차, 조선업, 한류 문화 등으로 대한민국의 국가 브랜드가 놀라울 정도로 신장되고 있는 시점에 세계 자살률 1위라는 한국 사회의 어두운 이면을 어떻게 설명해야 할까 싶었습니다. 저는 고도의 경제 성장과 물질의 풍요가 우울증과 자살이라는 무서운 그림자로 나타나는 것은 아닐까 생각한다고 답해주었습니다.

연구실에 돌아와 대한민국 자살률이라는 키워드로 인터넷 검색을 했습니다. 그리고는 전 연령대에 고루 분포해 있는 한국 사람들의 자살에 대해 곰곰이 생각해보았습니다. 10대들은 지금의 성적만이 미래를 보장하는 유일한 출구라고 생각하는 부모와 주변 환경에 의해 공부에 함몰되어 있는 것 같습니다. 주위를 둘러볼 마음의 여유도, 정신적으로 의지할 만한 공간과 대상도 부족합니다. 편을 나누어 왕따를 시키고, 자신과 다른 생각을 가진 사람들을 공격의 대상으로 생각합니다. 야생의 동물들처럼 우열과 서열로 재편하면서 물리적으로 자신이 우위에 섰다는 쾌감을 갖는 등의 심리적 기재가 학교 문화 전반에 팽배해 있습니다. 이혼 가정이 많아지고 결손 가정이 늘어나면서 정서적 안정과 쉼의 공간이었던 가정이 점점 제 기능을 잃어가고 있습니다.

이렇게 자란 아이들이 성인이 되어 사회에 나갔을 때 실패와 좌절의 순간에 맞닥뜨리면 쉽게 삶의 끈을 포기해버립니다. 또 사회 전반에 만연해 있는 우울증과 공황장애, 심리적 불안 요소들은 자살이라는 극단의 선택으로 이어지고, 베르테르 효과를 입증하기라도 하듯 이런 현상은 쉽게, 그리고 빨리 사람들의 이성을 마비시킵니다. 한국 사회의 어두운 이면은 이미 대책이 필요한 시점까지 와버렸습니다.

그 반작용으로 요즘 한국 사회에 부상하는 화두 중 하나가 '행복한 삶'인지도 모르겠습니다. 입만 열면 너 나 없이 힐링, 웰빙, 웰다잉

Well-dying과 같은 키워드를 외치는 것은 행복에 대한 관심과 열망의 표현일 것입니다. 최근 곳곳에서 '프레임 이론Frame theory'이 소개되고 있는데, 이 이론의 핵심은 우리가 삶의 구조를 어디에 가져다 놓느냐에 따라 만족과 행복의 정도가 크게 차이날 수 있다는 것입니다. 예를 들어 지난 2012년 런던 올림픽 수영 부문에서 박태환 선수가 수영에서 은메달 두 개를 땄습니다. 대한민국 수영의 역사를 다시 써내려가는 쾌거였음에도 불구하고 다수의 국민들은 올림픽 사상 첫 동메달을 딴 축구팀에 더 흥분하고 더 기뻐했습니다. 3, 4위전의 상대 팀이 일본이었던 이유도 있었겠지만, 많은 기대를 하지 않던 축구 국가대표팀의 선전이 국민들을 열광하게 만든 것입니다. 또한 지난 베이징 올림픽에서 박태환 선수가 이미 금메달을 획득한 터라 이번 올림픽에서 은메달이라는 결과가 국민들을 만족시키기는 어려웠을 것입니다.

대한민국의 한 고등학생이 자신의 어머니를 살해하고 한 달이 넘도록 시신을 방에 그대로 방치했던 사건을 여러분도 기억할 것입니다. 이 비극 역시 어머니의 지나친 기대에서 비롯되었습니다. 아이는 전국에서 4000등 정도 하는 아주 우수한 성적의 학생이었습니다. 그는 어머니의 지나친 기대와 매질이 두려워 성적표를 전국 62등으로 조작해 어머니께 드렸습니다. 그런데 그의 어머니는 전국 석차 62등이라는 성적표를 받고도 전국 1등을 못했다며 아이를 여덟 시간 동안 골프채와 몽둥이로 때렸습니다. 교사와 학부모의 입시 진학 상담일을 하루 앞둔 전날, 아이는 성적을 조작한 게 들통날까 두려워 식칼로 어머니를 살해하고 말았습니다.

살해된 어머니는 남편과 이혼한 뒤 아들의 성적만을 삶의 유일한 희망으로 삼아왔습니다. 학업 성적 외에는 관심도 없는 엄마의 집착과 기대 수준에 맞추기 위해 몸부림쳐야 했던 아이의 삶이 몹시도 서글프게 느껴집니다.

우리는 모두 어떻게 하면 더 행복해질 수 있을까를 고민하며 살아갑니다. 하지만 달라이라마는 『행복론』을 통해 사람들이 행복하지 않은 것은 현재에 만족하지 못하기 때문이라고 말합니다. 성철 스님도 "모든 인고의 시작은 욕심에서 비롯된다"는 이야기를 한 적이 있습니다. 현재에 만족하지 못하는 삶, 더 많이 가지려는 욕심이 우리의 행복을 가로막고 있습니다. 불행은 외부적 요인이기보다 자기 스스로 만든 고통일 가능성이 높습니다. 끝없이 주변 사람들과 비교하는 습관, 행복의 기준을 물질과 지위로만 가늠하는 성공과 출세 지향주의가 우리 스스로를 불행의 길로 몰아넣습니다.

그렇다면 아빠의 행복은 어디서 출발해야 하고, 또 어디에서 찾아야 할까요? 아빠가 행복에 이르는 길은 스스로 '무엇을 위해 살아갈 것인가'에 대한 답을 구하고자 노력할 때 찾을 수 있습니다. 행복은 내 마음 안에서, 그리고 가정 안에서 시작됩니다.

아침에 눈을 떴을 때 또 하루가 시작되었음에 감사하고, 사랑스런 아내와 아이들이 무사히 내 곁에 있음에 감사하고, 능력을 발휘할 수 있는 일터가 있음에 감사하는 마음을 가져보세요. 힘차게 땅을 딛고 나아갈 수 있는 두 다리와, 아이들이 건강하게 자라나는 것을 지켜볼 수 있는 두 눈과, 동화책을 읽어줄 수 있는 목소리가 있음에 감사하며 이런 긍정의 마음을 습관화하는 것입니다. 당연한 듯 여기는 이런 일상의 것들이 없다면 삶이 얼마나 고달플까요. 작은 것에도 감사할 줄 아는 긍정의 습관, 이것이 곧 행복이며 이보다 더 값진 유산은 없을 것입니다.

아빠의 습관이 아이의 미래를 결정한다

TV 토크쇼의 마지막에 사회자가 게스트에게 빼놓지 않고 하는 질문이 있습니다.

"향후 계획은 무엇입니까?"

"당신의 최종 꿈은 무엇입니까?"

"꼭 이루고 싶은 소망이 있다면 무엇인가요?"

토크쇼 내내 출연자의 과거와 현재에 대해 이야기했으니 미래에 대해서도 궁금한 게 당연한 일이겠지요. 한 여배우는 꿈이 무엇이냐는 질문에 아주 근사한 대답을 하더군요.

"제가 다른 사람의 꿈이 되는 게 제 꿈입니다."

현재를 살아가는 우리에게는 과거보다는 현재를, 현재보다는 미래를 꿈꾸는 일이 더 매력적이고 중요하게 느껴집니다. 개인적으로 저는 꿈을 비전과 동일하게 생각합니다. 비전이란 눈에 보이는 것 이상의 상상력과 통찰력을 포함한 미래를 의미합니다. 따라서 비전을 가진 사람이란, 자신이 꿈꾸는 미래를 현실로 추진하는 힘을 가진 사람입니다. 좋은 아빠는 가정과 아이들의 미래를 구체적으로 설계하고 그 꿈을 현실로 실현할 수 있도록 이끌어주는 아빠입니다. 친구 같은 아빠나 자상한 아빠도 좋습니다. 사회적으로 성공한 아빠나 경제력이 뛰어난 아빠도 좋습니다. 하지만 저를 비롯한 아버지 육아 관련 연구자들이 추구하는 궁극적인 아빠는 미래에 대한 큰 그림을 가지고 있는 사람입니다.

사람들은 자신이 보고 들은 것과 직접 경험한 것을 토대로 말하고 행동합니다. 자신이 경험하지 않은 세계에 대해 이야기하는 것은 타인의 생각을 인용하거나 차용한 것이며, 사실에 근거하지 않은 허풍일 가능성이 높습니다. 아이들은 더더욱 자신이 직접 보거나 듣거나 느낀 대로만 말합니다. 이 말은 결국 본 게 많은 아이, 들은 게 많은 아이, 직접 느끼고 경험한 게 많은 아이들이 자신의 의견을 더 정확하고 솔직하고 명쾌하게 표현할 수 있다는 뜻입니다.

자신의 의견을 정확, 솔직, 명쾌하게 표현하는 능력을 학습심리학자들은 인지적 유능감이 높은 아이들의 대표적 특징이라고 말합니다. 아이들은 의미 있는 타인Meaningful others, 즉 자신에게 영향을 미친다고 생각하는 사람들이 제공하는 정보나 학습 기회에 고도의 집중력과 실천력을 보입니다.

그렇다면 아이들에게 가장 영향력 있는 타인은 누구일까? 당연히 부모입니다. 유아기 아이들에게 다양한 학습 상황과 경험을 제공하는 최상의 적임자는 바로 부모입니다. 이 책의 전반에 걸쳐 수차례 말씀드렸듯이 엄마가 아이들에게 제공하는 콘텐츠와 아빠가 제공하는 콘텐츠는 양과 질, 방식 면에서 매우 다른 양상을 나타냅니다. 이를 두고 어느 쪽이 더 효과적인지 구분할 필요도 없고 그래서도 안 됩니다. 엄마로부터 경험하는 것과 아빠로부터 경험하는 것은 나름의 고유성을 가지고 있으며, 이는 아이들에게 각기 다르게 받아들여지기 때문입니다.

친분이 있는 방송국의 한 기자가 해준 말이 생각납니다. "아빠와 처음 경험한 스포츠가 아이들의 넘버 원 스포츠가 된다." 아빠와 처음으로 함께한 운동 경험이 아이들의 인생에 영향을 미친다는 것입니다. 아빠가 아이에게 줄 수 있는 최고의 선물은 '경험'입니다. 이제까지 어느 누구도 보여준 적이 없는 새로운 세계를 보여주는 것입니다.

저는 20년 넘게 야구 동호회 활동을 해오고 있는데, 경기를 하다 보면 다른 회원들이 종종 가족을 데리고 오는 경우가 있습니다. 아빠가 멋진 유니폼을 입고 야구하는 모습을 보게 된 아이들은 평소와 다른 아빠의 모습에 매료되어 흥분을 감추지 못합니다. 아빠를 응원하는 목소리에도 힘이 넘쳐납니다. 아빠가 홈런이라도 날리면 운동장이 떠나갈 듯 난리가 납니다. 아이의 두 눈 가득 아빠를 향한 신뢰와 존경의 마음이 가득합니다.

아이들은 아빠와 함께 산에 오르는 법과 낚싯대를 드리우는 법을 배우며, 공을 던지고 잡는 법도 배웁니다. 자전거 타는 법을 배우고, 텐트 치는 법도 배우고, 라면을 끓이는 법도 배우며, 자연의 순리와 경이로움을 깨닫는 법도 배웁니다. 위기 상황에서 대처하는 법도 배우고, 약자와 어려운 사람을 돕는 선한 마음도 배우며, 불의에 맞서 정의를 실천하려는 의지도 배웁니다. 아이가 엄마를 돕고, 동생을 돌보는 등 가족 간의 사랑을 배우고, 친구간의 신의를 배우며, 이성 친구를 대하는 근사한 매너도 배웁니다. 아빠를 통해 배울 것들은 무궁무진합니다.

아빠가 마음에 새기고 실천할 꿈과 비전을 거창하게 여겨 어렵게 접근할 필요는 없습니다. 아빠가 잘하는 것, 즐겨하는 것을 가족과 함께 해보는 것에서부터 출발하면 됩니다. 아빠와 함께 이런 것들을 보고 느끼면서 아이들은 돈으로 살 수도 없고, 학교에서 배울 수도 없는 소중한 가치를 얻게 되며, 이는 아이의 미래를 만들어줄 원동력이 됩니다.

'사행습인운思行習人運'이라는 말이 있습니다. 생각이 행동을 낳고, 행동이 습관을 낳으며, 습관이 인격을 바꾸고, 인격이 운명을 결정한다는 뜻입니다. 저는 이 말을 '아빠의 생각이 아이의 행동을 낳고, 아빠의 행동이 아이의 습관이 되며, 아빠의 습관이 아이의 인격을 형성하고, 아빠의 인격이 아이의 운명을 결정한다'는 뜻으로 좀 다르게 새겨듣고 싶습니다.

습관의 순우리말은 '버릇'입니다. 버릇은 여러 번 되풀이해서 저절로 익숙해지고 굳어진 말이나 행동, 성질을 말합니다. 처음에는 단순하고 지극히 사소한 것으로 시작되지만 반복하다 보면 이내 고착화되어 돌이킬 수 없다는 속성을 가지고 있습니다.

아이는 좋은 습관이건 나쁜 습관이건 아빠의 습관 하나하나를 보며 자라납니다. 그리고 그 아이는 훗날 아빠가 되어 자신의 아빠가 했던 것들을 그대로 되풀이합니다.

  아빠는 아이의 인생에 가장 큰 영향력을 가진 사람입니다. 내 아이가 진정 뿌리 깊고 올곧은 나무로 자라기를 바란다면, 먼저 아빠 스스로의 삶을 되돌아보기 바랍니다. 나의 작은 습관 하나하나가 모여 아이의 뿌리가 되고, 기둥이 되고, 가지가 되고, 잎이 될 테니까요.

| 에필로그 |

아이를 키우면서 아빠는 아버지가 된다

한국을 떠나 미국에서 산 지 12년째입니다. 가끔씩 한국에서의 강연에 초대되어 강의할 기회가 있긴 합니다만, 영어로 생각하고 말하는 시간이 늘어갈수록 우리말로 제 생각을 전하는 일이 그리 수월치만은 않습니다. 그래서 글로 옮기면 제 생각을 좀 더 자연스럽고 체계적으로 전달할 수 있지 않을까 하는 생각이 들었고, 그렇게 해서 이 책이 탄생하게 되었습니다.

우리는 엄청난 정보의 홍수 속에 살고 있습니다. 부모 교육이나 양육 관련 서적들은 차고 넘칠 정도이며, 아버지 교육에 관한 책들도 이미 많이 소개되어 있습니다. 어떤 책에서는 아이들을 매로 훈계하고 가르쳐 강하게 키워야 한다고도 하고, 또 어떤 책에서는 신체적인 체벌은 어떤 식으로든 용납될 수 없으며 무조건 사랑과 따스함으로 아이들을 키워야 한다고 가르칩니다.

중요한 것은 아빠의 주관적 개념이나 기준 없이 너무 많은 정보와 지식을 접하다 보면 정작 아빠 본인의 양육 철학을 잃을 수 있다는 것입니다. 세상에 완벽한 이론이나 가설은 존재하지 않으므로 이 혼돈의 시대에 바로 서기 위해서는 흔들림 없는 자신만의 철학이 필요합니다.

　하지만 자신만의 철학에도 오류는 있을 수 있습니다. 지금껏 옳았다고 믿었던 것들이 그렇지 않을 수도 있고, 그릇되었다고 치부한 것들이 종종 옳은 경우도 있습니다. 그러므로 우리가 믿고 판단해온 가치들에 대해 종종 돌이켜보는 시간이 필요합니다. 여러분이 그런 생각으로 이 책을 통해 자신에게 적합한 부모 교육과 아버지 역할이 무엇인지를 고민하는 시간을 갖는다면 더 바랄 게 없을 것 같습니다.

　세상의 모든 부모들은 최고의 엄마 아빠가 되고 싶어 하지만 현실은 그리 녹록하지 않습니다. 좌충우돌 시행착오를 거듭할 수밖에 없는 현실을 인정해야 합니다. 아이를 키우다 보면 취할 것은 취하고, 버릴 것은 버릴 줄 아는 과감함과 용기도 필요합니다.

　또한 아무리 좋은 양육 정보와 지식을 알고 있다 하더라도 생활 속에서 실천하지 않으면 차라리 아무것도 모르느니만 못합니다. 아이가 긍정적이고 행복한 삶을 살아가기를 바란다면 부모가 먼저 긍정적이고 행복해져야 합니다. 한 권의 책, 몇 시간의 강의로 이제까지 유지해온 자신만의 철학을 쉽게 바꿀 수는 없습니다. 따라서 많은 양의 정보를 습득하려는 노력보다 올바른 이해와 실천이 더 중요하다는 사실이 바로 자녀 양육에 임하는 아빠들이 명심해야 할 핵심 가치입니다.

자녀를 키우다 보면 부모 뜻대로 되지 않을 때가 아주 많습니다. 그럴 때마나 그 모든 것에 대해 자책하지는 마세요. 아이들에 따라 타고난 기질이 다르기도 하고 부모 이외의 다른 환경적 요인의 영향을 받기도 하며, 또 언제 터질지 모르는 화약고처럼 아이들 주변에서 불시에 일어나는 사건사고에 의해 상황이 그릇된 방향으로 전개되기도 합니다.

청개구리처럼 행동하는 아이와 바른 길로 인도하려는 부모 사이에는 늘 갈등이 존재하기 마련입니다. 그런 상황에 놓이면 어느 순간에 내 주장을 펼쳐야 하고, 어느 순간에 물러서야 하며, 어느 시점에 타협해야 하는지를 결정하는 것은 오롯이 부모가 안고 풀어가야 할 숙제입니다. 그래서 자녀를 키우는 일이 세상에서 가장 어려운 일이라고 하는 것인지도 모르겠습니다.

그럼에도 우리는 희생과 헌신이 따르는 그 수고로운 짐을 기꺼이지고자 합니다. 지금의 우리도 내 어머니와 아버지의 아낌없는 희생과 눈물과 기도가 있었기에 존재하는 것이니까요. 그 은혜에 보답하고 싶다면 그들에게서 받은 사랑을 우리의 아이들에게 돌려주는 것입니다.

지금은 거의 사용하지 않지만 예전에는 '아이'를 '아해兒孩'라고 표현하기도 했습니다. 바로 '어린 해님'이라는 뜻이라지요. 이 얼마나 귀하고 고결하며 아름다운 표현인가요. 이 작은 해님들이 환하고 밝게 세상을 비출 커다란 해님으로 자랄 때까지 부모로서의 책임을 다하는 게 우리의 사명이자 운명입니다. 여러분과 여러분 자녀들의 앞길에 사랑과 행복의 웃음이 언제나 함께하기를 바라고 또 바랍니다.

가장 현명한 아버지는 평생을 공부하는 아버지입니다.
가장 용기 있는 아버지는 자기 자신을 이길 수 있는 아버지입니다.
가장 행복한 아버지는 매사에 감사하는 아버지입니다.

- 『탈무드』 중에서

KI신서 5286
아이의 미래, 아빠하기에 달렸다

1판 1쇄 발행 2013년 11월 8일
1판 3쇄 발행 2016년 8월 10일

지은이 김근규
펴낸이 김영곤 **펴낸곳** (주)북이십일 21세기북스
출판사업본부장 안형태 **인문기획팀장** 정지은
책임편집 양으녕 **디자인 표지** 디박스 **본문** 성인기획
출판영업팀장 이경희
출판영업팀 이은혜 권오권
출판마케팅팀 김홍선 최성환 백세희 조윤정
출판등록 2000년 5월 6일 제406-2003-061호
주소 (우 10881) 경기도 파주시 회동길 201(문발동)
대표전화 031-955-2100 **팩스** 031-955-2151 **이메일** book21@book21.co.kr
홈페이지 www.book21.com **블로그** b.book21.com
트위터 @21cbook **페이스북** facebook.com /21cbooks

ⓒ 김근규, 2013

ISBN 978-89-509-5228-0 13370
책값은 뒤표지에 있습니다.

이 책 내용의 일부 또는 전부를 재사용하려면 반드시 (주)북이십일의 동의를 얻어야 합니다.
잘못 만들어진 책은 구입하신 서점에서 교환해 드립니다.